WEN ZI DE AO MI

文字的奥秘

禹秀玲 著

RENSHI TIANDI

认识天地

广西人民出版社

图书在版编目（CIP）数据

文字的奥秘．认识天地 / 禹秀玲著．—南宁：广西人民出版社，2011.7（2025.4 重印）

ISBN 978-7-219-07325-4

Ⅰ.①文… Ⅱ.①禹… Ⅲ.①汉字–少儿读物 Ⅳ.①H12-49

中国版本图书馆 CIP 数据核字（2011）第 079915 号

责任编辑　梁凤华　　张雪芹
责任校对　覃结玲
封面设计　李彦媛

出版发行	广西人民出版社	
社　　址	广西南宁市桂春路 6 号	
邮　　编	530021	
印　　刷	广西民族印刷包装集团有限公司	
开　　本	880mm×1240mm　1/32	
印　　张	6	
字　　数	86 千字	
版　　次	2011 年 7 月　第 1 版	
印　　次	2025 年 4 月　第 25 次印刷	
书　　号	ISBN 978-7-219-07325-4	
定　　价	26.80 元	

目录

天·············· 001

日·············· 003

月·············· 006

星·············· 009

明·············· 011

气·············· 013

云·············· 015

风·············· 018

电·············· 020

雷·············· 023

雨·············· 025

虹·············· 027

旦·············· 030

春·············· 032

山·············· 035

石·············· 037

岩·············· 040

丘·············· 042

厂·············· 044

原·············· 046

厚 ……………… 048

水 ……………… 050

州 ……………… 053

川 ……………… 055

沙 ……………… 057

泉 ……………… 059

渊 ……………… 061

派 ……………… 063

冰 ……………… 065

火 ……………… 068

炎 ……………… 071

灰 ……………… 073

灾 ……………… 075

土 ……………… 077

田 ……………… 079

农 ……………… 082

木 ……………… 084

本 ……………… 087

末 ……………… 089

束 ……………… 091

叶............ 093

竹............ 095

桑............ 098

禾............ 100

黍............ 102

米............ 104

麦............ 107

瓜............ 109

稷............ 112

葵............ 114

丝............ 116

麻............ 118

彐............ 120

苗............ 122

草............ 124

豆............ 126

圃............ 128

囿............ 131

龙............ 133

凤............ 136

燕 138

鸟 141

雀 143

兽 145

虎 147

象 149

鹿 151

马 153

牛 155

角 157

羊 160

羔 162

豕 164

犬 167

兔 169

虫 172

蛇 175

鼠 177

龟 180

鱼 183

天

蓝蓝的天上白云飘，小朋友们抬起头就能看见天。天空辽远，风云变幻，在甲骨文和金文里，"天"字就有许多写法，典型的写法有两种：一种是头部特别大的人的形象，这是用"天"来表示人的头顶；另外一种是由在象征"人"的"大"字上面画了一横来表示，说明人的头顶上是天。到了小篆，两种字形合为一体，"天"字就不再表示头顶，而专门用来指头顶上的天了。因为大自然的一切都笼罩在"天"之下，所以在古人眼里，天至高无上，代表着宇宙或者造物主，让他们敬畏，也让他们遐想。

【"天"字的演变】

甲骨文	金文	小篆	隶书	简体字

yīng yǔ yì diǎn tōng
【英语一点通】

"天"指"天空"时,英文是 sky,比如"蓝天"的英文就是 blue sky,其中 blue 指"蓝色"。另外,英文中还有一个词 heaven 也可表示"天、天空"。

kě ài de zǔ guó
【可爱的祖国】

tiān ān mén zuò luò zài zhōng huá rén mín gòng hé guó shǒu dū
天安门坐落在中华人民共和国首都

běi jīng de shì zhōng xīn yǔ tiān ān mén guǎng chǎng gé cháng ān
北京的市中心,与天安门广场隔长安

jiē xiāng wàng tā yóu chéng tái hé chéng lóu liǎng bù fen zǔ
街相望,它由城台和城楼两部分组

chéng   shì zhōng guó gǔ dài chéng mén zhōng zuì jié chū de dài biǎo
成,是中国古代城门中最杰出的代表

zuò   nián   yuè   rì   zhōng huá rén mín gòng hé guó
作。1949 年 10 月 1 日,中华人民共和国

zài zhè lǐ jǔ xíng le kāi guó dà diǎn tā shì zhōng guó gè zú
在这里举行了开国大典,它是中国各族

rén mín xiàng wǎng de dì fang
人民向往的地方。

日

现代汉语中，"日"字有"白天、一天、某一段时间"等意思。其实，"日"的本来含义是指太阳。它是一个象形字，因为太阳是独一无二的，又因为"日"的字形简单而字义也一目了然，所以"日"字从创造至今，其象形的字形几乎没有发生什么变化。在甲骨文、金文中，"日"是一个表示太阳轮廓的圆圈，它中间的一点或一横，指代太阳耀眼的光芒。到小篆时，"日"字变得瘦长，渐趋符号化；经隶书演变，"日"字则更加方正。在汉字中，"日"字还被用作部首，比如"晒、晨、昏、旭、旱"等字，它们的字义基本都与太阳或其光芒有关。

rì zì de yǎn biàn
【"日"字的演变】

甲骨文	金文	小篆	隶书	简体字

【英语一点通】

"日"指"太阳"时，英文是 sun。和 sun 读音相同的还有一个词 son，是"儿子"的意思。另外，当"日"表示"一天、一日"时，英文是 day。小朋友可以用"儿子每一天都看太阳"这句话来联想记忆 son、day 和 sun 这三个单词。

【科普小知识】

日食，又叫日蚀，在月球运行至太阳与地球之间时发生。这时对地球上的部分地区来说，月球位于太阳前方，来自太阳的部分或全部光线被挡住，看起来好像是太阳的一部分或全部消失了。日食只在朔，即月球与太阳呈现重合的状态时发生。日食分为日偏食、日全食、日环食。观测日食时，如果你没有专业设备就不能直视太阳，否则容易造成视觉损伤。

月

正如儿歌中唱的"弯弯的月亮，小小的船"，月亮的形状有时是弯的，像小船。古人正是根据月亮的这个外形特点创造出了象形字"月"。你看甲骨文中的"月"字，像不像夜空中升起的一弯新月？金文中，月亮的图像中多了一点，表示月亮发出的光芒。到小篆时，"月"的字形发生很大变化，失去了象形的特点，更具线条化的色彩。之后，各字体便都缘此写成了沿用至今的"月"。在汉字中，"月"也被用作部首，如"朗、阴、明、朔"等字，它们的含义基本都与月亮或者光明等意义相关。

【"月"字的演变】

yuè zì de yǎn biàn

甲骨文	金文	小篆	隶书	简体字
		月	月	月

007

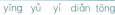

yīng yǔ yì diǎn tōng
【英语一点通】

　　"月"表示"月亮"时,英文是 moon。moon 和 noon(中午)很相像,要注意区别。但当"月"表示"月份"时,英文是 month。month 和表示"嘴巴"的 mouth 易混淆,你要认清哟!小朋友可以联想:"嘴巴"要张开吃饭,所以 mouth 中的 u 是口向上张开的!

xiǎo péng you tīng gù shi
【小朋友听故事】

chuán shuō tiān shàng de yuè liang yuán lái bìng bù yuán　　ér qiě
传说天上的月亮原来并不圆,而且

liàng de cì yǎn　　　yǒu yí duì qīng nián nán nǚ wèi dà jiā zhuó xiǎng
亮得刺眼。有一对青年男女为大家着想,

shāng liang zhe yào xiū bǔ yuè liang　　lì dà wú bǐ de nán qīng nián
商量着要修补月亮。力大无比的男青年

xiān jiāng yì zhī zhī lì jiàn shè xiàng yuè liang　　jiàn jiàn de bǎ yuè
先将一支支利箭射向月亮,渐渐地把月

liang xiū chéng le yuán xíng　　nǚ qīng nián zé gǎn zhī le yì fú měi
亮修成了圆形。女青年则赶织了一幅美

lì de sī jǐn jiāo gěi nán qīng nián　　ràng tā bǎ tā guà zài jiàn shàng
丽的丝锦交给男青年,让他把它挂在箭上

shè chū qù　　　yú shì　　bèi méng shàng sī jǐn de yuè liang guāng biàn
射出去。于是,被蒙上丝锦的月亮光变

de róu hé le
得柔和了。

星

yì shǎn yì shǎn liàng jīng jīng mǎn tiān dōu shì xiǎo xīng xing
"一闪一闪亮晶晶,满天都是小星星。"

dāng wǒ men yǎng wàng yè kōng mǎn tiān de fán xīng huì gěi wǒ men yǐ
当我们仰望夜空,满天的繁星会给我们以

wú qióng de xiá xiǎng yǒu rén shuō zài liú xīng huá guò tiān jì shí xǔ
无穷的遐想;有人说,在流星划过天际时许

xià yuàn wàng jiù yí dìng néng gòu shí xiàn zài gǔ dài wǒ men de
下愿望,就一定能够实现。在古代,我们的

xiān mín yě céng wú shù cì yǎng wàng yè kōng tōng guò guān chá xīng
先民也曾无数次仰望夜空,通过观察星

xiàng de biàn huà lái yù cè wèi lái suǒ yǐ zài hěn zǎo de shí hou
象的变化来预测未来,所以,在很早的时候

tā men jiù zào chū le xīng zì jiǎ gǔ wén zhōng xīng zì
他们就造出了"星"字。甲骨文中,"星"字

yòng bǐ jiǎn dān yīn yì jié hé yǐ biǎo shì shù mù de shēng zì
用笔简单,音义结合:以表示树木的"生"字

lái dài biǎo dú yīn yòu yòng páng biān liǎng gè yuán diǎn xiàng zhēng fán
来代表读音,又用旁边两个圆点象征繁

xīng dào jīn wén xīng xing yòng sān gè tài yáng lái biǎo shì fàng zài
星。到金文,星星用三个太阳来表示,放在

le shēng de shàng miàn dàn xīng zì yīn yì jié hé de tè diǎn
了"生"的上面,但"星"字音义结合的特点

bìng méi yǒu biàn huà cóng lì shū kāi shǐ yǒu liǎng gè rì bèi
并没有变化。从隶书开始,有两个"日"被

shěng diào zhěng gè zì xíng yě jiù jiǎn huà wéi xiàn zài de xīng
省掉,整个字形也就简化为现在的"星"。

xīng zì de yǎn biàn
【"星"字的演变】

甲骨文	金文	小篆	隶书	简体字
业	业	星	星	星

yīng yǔ yì diǎn tōng
【英语一点通】

　　"星"的英文是 star,意思是"星星、明星"等。英文中还有一个词比 star 多了一个字母 t,即 start,意思是"开始、起点"等。另外,star 和 let 组合,即 starlet,意思是"小星星",其中后缀-let 表示"小的",比如将-let 加在 pig(猪)后,即 piglet(小猪)。

xiǎo péng you xué ér gē
【小朋友学儿歌】

gěi wǒ zhǎo kē xiǎo xīng xing
给 我 找 颗 小 星 星

yín hé lǐ yǒu xīng fēi guò　diē dào dì shàng diào luò hé
银 河 里 有 星 飞 过,　跌 到 地 上 掉 落 河。

xīng xing diē jìn dà shù lín　kě fǒu tì wǒ màn màn xún
星 星 跌 进 大 树 林,　可 否 替 我 慢 慢 寻?

cóng lín chù chù dōu zhǎo guo　zhǎo dào xīng xing qǐng gěi wǒ
丛 林 处 处 都 找 过,　找 到 星 星 请 给 我。

cháng cháng kàn jiàn xīng fēi guò　shǐ zhōng zhǎo bú dào yí gè
常 常 看 见 星 飞 过,　始 终 找 不 到 一 个。

zhāo zhāo wǎn wǎn wèn bái yún　kě fǒu tì wǒ màn màn xún
朝 朝 晚 晚 问 白 云,　可 否 替 我 慢 慢 寻?

shuí rén huì dào tiān shàng qù　zhǎo kē xīng xing jiāo gěi wǒ
谁 人 会 到 天 上 去,　找 颗 星 星 交 给 我。

明

tiān kōng zhōng méi yǒu bǐ tài yáng hé yuè liang gèng míng liàng de
天空中没有比太阳和月亮更明亮的
dōng xi suǒ yǐ wèi le biǎo dá míng de gài niàn gǔ rén jiù
东西，所以，为了表达"明"的概念，古人就
bǎ tài yáng hé yuè liang fàng zài yì qǐ lái biǎo dá míng liàng de
把太阳和月亮放在一起，来表达"明亮"的
yì si xiǎo péng you kàn kan jiǎ gǔ wén zhōng de míng zì shì
意思。小朋友看看甲骨文中的"明"字，是
bú shì yóu rì yuè liǎng gè zì de jiǎ gǔ wén bìng liè zǔ hé
不是由"日""月"两个字的甲骨文并列组合
ér chéng ne dào le jīn wén míng zì zhōng de tài yáng biàn
而成呢？到了金文，"明"字中的太阳变
chéng chuāng hu de yàng zi zhěng gè zì xíng jiù chéng le yì fú yuè
成窗户的样子，整个字形就成了一幅月
guāng sǎ mǎn xiǎo chuāng de tú huà jiù xiàng táng dài shī rén lǐ bái
光洒满小窗的图画，就像唐代诗人李白
de shī jù chuáng qián míng yuè guāng suǒ miáo xiě de jǐng xiàng suǒ
的诗句"床前明月光"所描写的景象，所
yǐ zhè fú huà réng huì yì wéi míng liàng xiǎo zhuàn de
以，这幅"画"仍会意为"明亮"。小篆的
míng zì yán xí le jīn wén de huì yì tè diǎn yóu yuè liang hé
"明"字沿袭了金文的会意特点，由月亮和
chuāng hu zǔ chéng de zì xíng méi biàn dàn lì shū de míng zì yòu
窗户组成的字形没变；但隶书的"明"字又
biàn wéi jiǎ gǔ wén de huì yì fāng shì jí rì yuè wéi míng
变为甲骨文的会意方式，即"日""月"为"明"
le zhī hòu míng de zì xíng wèi zài fā shēng dà de yǎn biàn
了。之后，"明"的字形未再发生大的演变。

甲骨文	金文	小篆	隶书	简体字

yīng yǔ yì diǎn tōng
【英语一点通】

"明"表示"明亮的"时,英文是 bright,比如"She has bright eyes."意思就是"她有一对明亮的眼睛"。同时,bright 还有"聪明的、伶俐的"之义,比如"A bright boy learns quickly."意思就是"聪明的孩子学得快"。另外,小朋友可以在 bright 中找到另外一个单词 right,意思是"对的、正确的"。

kě ài de zǔ guó
【可爱的祖国】

明朝(1368—1644)是中国历史上承元朝、下启清朝的朝代,也是中国历史上最后一个由汉族建立的封建君主制王朝。明朝发生的郑和七次下西洋,是中国乃至世界航海史上的壮举,发展了海上丝绸之路,增进了中国与亚非国家和地区的了解和友好往来,为人类的航海事业作出了伟大贡献。

气

空气和水一样，对万物的生存至关重要，但是它看不见、摸不着。那么，古人在造字时怎样来表示空气呢？甲骨文中的"气"像是一个"三"字，上、下两个较长的横代表天、地，中间那条短横就表示气或空气，是说在烈日下，气流上升。后来，人们造出了表示数量的"三"字，为了与"气"字区别，就在金文中将"气"字的上面一横向上翘起来，同时将下面的一横垂下。到小篆，为了美观，也为了明了，"气"字就演变成三横都弯曲起来的字形。直到文字简化时，"气"才又恢复原来简洁的字形。

【"气"字的演变】
qì zì de yǎn biàn

甲骨文	金文	小篆	隶书	简体字
三	气	气	氣	气

【英语一点通】
yīng yǔ yì diǎn tōng

"气"表示"大气、空气"时,英文是 air,如 fresh air 即指"新鲜的空气"。但当"气"表示"气体、煤气"时,英文是 gas,如 light the gas 即"点燃煤气灶"。另外,air 比单词 hair 少了一个字母 h,而 hair 的意思是"头发"。

【小朋友猜谜语】
xiǎo péng you cāi mí yǔ

kàn bú jiàn mō bù zháo bù xiāng bú chòu méi wèi dao
看不见、摸不着,不香不臭没味道,

shuō tā bǎo guì dào chù yǒu dòng wù zhí wù lí bù liǎo
说它宝贵到处有,动物植物离不了。

dǎ yí wù
（打一物）

mí dǐ kōng qì
（谜底：空气）

云

天上的白云千变万化、形状奇幻，小朋友观察过吗？我们的先民就通过对云彩的观察，造出了"云"字。甲骨文中，"云"是一个会意字，由表示古文中的"上"字的两横和描绘天上云气回旋翻滚的符号组合而成。金文承袭了甲骨文的写法，"云"字仍由两种符号会意而成。到小篆，"云"字的上面增加了一个"雨"，表明云与雨有关，也说明当时的人们对云升雨降的自然规律有了深刻的认识。之后的字体都缘此写成"雲"。直到汉字简化时，"雲"借用了"云"的字形，去掉了"雨"，于是"云"字又恢复了最初那种简洁的字形。

【"云"字的演变】
yún zì de yǎn biàn

甲骨文	金文	小篆	隶书	简体字

【英语一点通】
yīng yǔ yì diǎn tōng

"云"的英文是 cloud。英文中 cloud 是个名词,它的形容词形式是 cloudy,意思就是"多云的"或"阴天的",比如"多云的天空"用英语讲就是 cloudy sky。小朋友从 cloud 中还可以找到一个词 loud,意思是"大声的",你可以用"大声向白云喊"来记忆 loud 和 cloud。

【小朋友背诗词】
xiǎo péng you bèi shī cí

云
yún

〔唐〕来鹄
táng lái hú

千形万象竟还空,映水藏山片复重。
qiān xíng wàn xiàng jìng huán kōng　yìng shuǐ cáng shān piàn fù chóng

无限旱苗枯欲尽,悠悠闲处作奇峰。
wú xiàn hàn miáo kū yù jìn　yōu yōu xián chù zuò qí fēng

(**注释** 千形万象:指云的形态变化无穷。竟:终于。映水藏山片复重:形容云的变化多端。无限:无数。枯欲尽:枯干得快要全部死了。悠悠:闲散、从容不迫的样子。奇峰:远处旱云耸立如同奇异的山峰。)

风

小朋友，你知道风是怎么来的吗？它是由于空气受热或者受冷，因此导致空气从一个地方向另一个地方移动而产生的。但是，远古时候的人可不这么认为，他们相信风是大鸟用翅膀扇动的结果。因此，甲骨文中的"风"字就是由一个表示气流的符号和一只扇动翅膀的大鸟会意而成。后来，人们认识到风是由于空气围绕太阳流转而产生的，反映在金文中，"风"字就变成了一个由代表气流的"凡"，里面加上一个太阳，下面再画上一个类似气流上升的符号所组成的图形。到小篆，"风"字又演变为一个上面表示字形"凡"、下面表示读音"虫"的形声字。从隶书开始，"風"字逐渐简化为现在的"风"。

fēng zì de yǎn biàn
【"风"字的演变】

甲骨文	金文	小篆	隶书	简体字

yīng yǔ yì diǎn tōng
【英语一点通】

　　"风"的英文是 wind。美国有位女作家叫玛格丽特·米切尔,她写了一部非常有名的小说,名字叫 *Gone with the Wind*,意思是"随风而逝",但小说的中文译名是《飘》。另外,wind 是名词,在它后面加上一个 y,就变成一个形容词 windy,意思是"多风的"。

xiǎo péng you xué zuò shī
【小朋友学作诗】

fēng
风

(一)

fēng cóng nǎ lái
风 从 哪 来

cóng shān shàng lái
从 山 上 来

fēng xiàng nǎ qù
风 向 哪 去

xiàng huǒ lǐ qù
向 火 里 去

(二)

fēng lái le
风 来 了

lái péi wǒ wán
来 陪 我 玩

fēng zǒu le
风 走 了

qù sòng péng you
去 送 朋 友

(杨彧堃,9岁)

电

我们平常所说的"电"是一种广泛用
于人们的生产和生活，可以发光、发热、
产生动力等的重要能源，但它的本义却
是指闪电。因为古人看到雷电伴随着雨天，
而牲畜又常常被雷电击死，所以，他们在
造字时就用伴随雷电发生的"雨"和能宰杀
牲畜的"刀"合起来表示"电"的意思。因
此，甲骨文中的"电"字上面是雨滴，下面
就是一把刀的象形。金文中，"电"的上半
部分仍然是"雨"的象形，下面则借用了
"雷"字的甲骨文中代表闪电的弧线，两
种象形符号会意为雨中的闪电。汉字简
化时，繁体的"電"字去掉了雨字头，遂写作
"电"。

diàn zì de yǎn biàn
【"电"字的演变】

甲骨文	金文	小篆	隶书	简体字

【英语一点通】
yīng yǔ yì diǎn tōng

"电"指"闪电"时,英文是 lightning,比如 a flash of lightning in the dark 意为"黑暗中的一道闪电";如果指作为能源的"电"时,英文则是 electricity,如"电动机器"即为 a machine run by electricity。另外,单词 lightning 的词根是 light,意思是"光、光线"等。

【小朋友猜谜语】
xiǎo péng you cāi mí yǔ

yí dào yín guāng yì tiáo xiàn   huá guò cháng kōng sì lì jiàn
一 道 银 光 一 条 线 , 划 过 长 空 似 利 剑 。

zhǎ yǎn pǎo le jǐ qiān lǐ   huí tóu xì qiáo kàn bú jiàn
眨 眼 跑 了 几 千 里 , 回 头 细 瞧 看 不 见 。

dǎ yí zì rán xiàn xiàng
（打 一 自 然 现 象 ）

mí dǐ   shǎn diàn
（谜底：闪 电 ）

雷

"雷"也是下雨时出现的一种自然现象,是伴随空中的闪电而发出的一种类似爆破的震耳巨响。它是一个会意字,但其字形在甲骨文、金文、小篆等字体中又不尽相同。甲骨文中的"雷"字由一条表示闪电的"S"形曲线,以及曲线两边代表巨大响声的圆圈组成,表明了雷声与闪电之间的因果关系。金文中"雷"字多了一个"雨",表明雷电天气多与下雨相关。到小篆,"雷"字省掉了表示闪电的曲线,但保留了金文的字形,整个字的意思也就明确为"雨中的雷声"。隶书的"雷"字只保留了小篆字形中的一个"田",变得更为简洁。之后,该字形就确定下来,并沿用至今。

léi zì de yǎn biàn
【"雷"字的演变】

甲骨文	金文	小篆	隶书	简体字

yīng yǔ yì diǎn tōng
【英语一点通】

　　"雷"的英文是 thunder，表示"雷声"或"打雷"等。例如，"春雷"就是 spring thunder，而"打雷了"则是"it is thundering"。另外，单词 thunder 中还包含了一个单词 under，它是一个介词，意思是"在……下面、在……底下"等，如 under the table，就是指"在桌子下面"。

cí yǔ jù bǎo pén
【词语聚宝盆】

léi chí wéi dì míng　　zài jīn ān huī wàng jiāng xiàn nán　　yǒu yí
　　雷池为地名，在今安徽望江县南。有一
gè yǔ qí xiāng guān de chéng yǔ　　bú yuè léi chí　　yě kě yǐ shuō
个与其相关的成语"不越雷池"，也可以说
chéng　　bù gǎn yuè léi chí yí bù　　yuán zhǐ bú yào yuè guò léi chí
成"不敢越雷池一步"，原指不要越过雷池，
hòu duō yòng yú bǐ yù yīn wèi bǎo shǒu　　jū nì ér bù gǎn chāo yuè
后多用于比喻因为保守、拘泥而不敢超越
yí dìng de fàn wéi hé jiè xiàn　　lì rú　　rú guǒ wǒ men zài sī
一定的范围和界限。例如：如果我们在思
xiǎng shàng gù bù zì fēng　　bú yuè léi chí　　nà me wǒ men jiù bú
想上故步自封、不越雷池，那么我们就不
huì yǒu xué xí shàng de jìn bù hé chuàng xīn
会有学习上的进步和创新。

雨

dī da dī da xià yǔ la   yǔ cóng tiān shàng luò xià
滴 答、滴 答，下 雨 啦——雨 从 天 上 落 下

lái cóng wū yán shàng diào xià lái   jiǎ gǔ wén zhōng de yǔ zì
来，从 屋 檐 上 掉 下 来！甲 骨 文 中 的"雨"字

biǎo xiàn de jiù shì zhè ge qíng jǐng   nǐ kàn yǔ zì shàng de nà
表 现 的 就 是 这 个 情 景。你 看"雨"字 上 的 那

yì héng bú jiù shì dài biǎo zhe tiān yún huò zhě shì wū yán ma
一 横，不 就 是 代 表 着 天、云，或 者 是 屋 檐 吗？

nǐ zài kàn jīn wén zhōng de yǔ zì nà xiē xiǎo yǔ diǎn yǐ jīng
你 再 看 金 文 中 的"雨"字，那 些 小 雨 点 已 经

bèi bāo wéi qǐ lái zhè xiàng bú xiàng shì zài xià yǔ de shí hou nǐ
被 包 围 起 来，这 像 不 像 是 在 下 雨 的 时 候，你

cóng chuāng hu lǐ miàn xiàng wài kàn dào de yǔ diǎn dī luò de yàng zi
从 窗 户 里 面 向 外 看 到 的 雨 点 滴 落 的 样 子

ne zhī hòu wèi le biǎo míng yǔ de lái chù jīn wén de yǔ
呢？之 后，为 了 表 明 雨 的 来 处，金 文 的"雨"

zì shàng miàn yòu duō chū le yì héng lái zhǐ dài yún huò zhě tiān zhè
字 上 面 又 多 出 了 一 横 来 指 代 云 或 者 天，这

jiù xíng chéng le xiǎo zhuàn de zì xíng   lì shū chéng xí xiǎo zhuàn
就 形 成 了 小 篆 的 字 形。隶 书 承 袭 小 篆，

xiě zuò yǔ zì xíng jiǎn jié míng liǎo gōng zhěng měi guān hàn
写 作"雨"，字 形 简 洁 明 了、工 整 美 观。汉

zì jiǎn huà shí yǔ zì réng bǎo liú le lì shū de zì xíng
字 简 化 时，"雨"字 仍 保 留 了 隶 书 的 字 形。

yǔ de běn yì jí xià yǔ dàn zài yǎn biàn guò chéng zhōng tā
"雨"的 本 义 即 下 雨，但 在 演 变 过 程 中，它

gèng duō de bèi dàng zuò míng cí biǎo shì zì rán jiè zhōng de yǔ
更 多 地 被 当 作 名 词，表 示 自 然 界 中 的 雨。

甲骨文　　金文　　小篆　　隶书　　简体字

　　"雨"的英文是 rain。在英文中，cat 是"猫"的意思，dog 是"狗"的意思，那么英文谚语"Rain cats and dogs."是什么意思呢？这可不是"天上下小猫小狗"，它的正确意思是"下倾盆大雨"哟！另外，小朋友试着给 rain 前加上一个字母 t，看看是什么单词？对了，变成了 train，是"火车"的意思。

xiǎo péng you xué zuò shī
【小朋友学作诗】

wǒ yǔ yǔ
我与雨

（一）

tiān shàng piāo piao
天 上 飘 飘

dì xià zǒu zou
地 下 走 走

wǒ zài jiā lǐ
我 在 家 里

màn màn yōu yōu
慢 慢 悠 悠

（二）

yǔ péi wǒ lái
雨 陪 我 来

yǔ péi wǒ qù
雨 陪 我 去

wǒ huí dào jiā
我 回 到 家

cái xiǎng qǐ yǔ
才 想 起 雨

（杨彧堃，9岁）

虹

小朋友见过在天空中出现的彩虹吗?

当风雨过后,大气中的小水珠经日光照射发生折射和反射,就会在和太阳相对的方向形成一种彩色圆弧,由外圈到内圈呈红、橙、黄、绿、蓝、靛、紫七种颜色,这就是人们常说的彩虹,即"虹"。但是,古人不清楚彩虹形成的原因,他们认为"虹"是来到人间饮水的天上的巨龙。因此,在造字的时候,"虹"就成了龙的样子。甲骨文中,"龙"被画成蛇形,而"虹"字也由此被描画成长着两个脑袋的蛇的形状。到小篆,"虹"演变为形声字,左形(虫)右声(工)。后来的字体走向符号化,但基本上字形并没有发生太大改变。

【"虹"字的演变】
hóng zì de yǎn biàn

甲骨文	小篆	隶书	简体字

【英语一点通】
yīng yǔ yì diǎn tōng

"虹"的英文是 rainbow,意思是"彩虹"。rainbow 由 rain 和 bow 组成,rain 的意思是"雨",bow 的意思是"弓、弓形物",而 "彩虹"就是雨后出现在天空的像弓一样的彩色圆弧,所以 rain 和 bow 连在一起,就形象地会意成了"彩虹"。

【小朋友背诗词】
xiǎo péng you bèi shī cí

菩萨蛮·大柏地
pú sà mán dà bǎi dì

毛泽东
máo zé dōng

赤橙黄绿青蓝紫,谁持彩练当空舞?
chì chéng huáng lù qīng lán zǐ shuí chí cǎi liàn dāng kōng wǔ

雨后复斜阳,关山阵阵苍。当年鏖战
yǔ hòu fù xié yáng guān shān zhèn zhèn cāng dāng nián áo zhàn

急,弹洞前村壁。装点此关山,今朝更
jí dàn dòng qián cūn bì zhuāng diǎn cǐ guān shān jīn zhāo gèng

好看。
hǎo kàn

(**注释** 大柏地:江西瑞金北一村名。彩练:彩色绢带,比喻彩虹。关山:泛指附近群山。阵阵:层层。苍:青色。鏖战:苦战。急:激烈。弹洞:枪眼。今朝:如今。)

旦

"旦"字依据"日"字创造而成，表示"早晨、天亮或者拂晓"，它是一个会意字。在甲骨文中，"旦"字的上半部分是一个太阳的象形字，下半部分则代表地平线或水平面，于是"旦"字就以太阳刚刚从地面或水面升起，来表示天刚亮或早晨。金文中的"旦"字就像一幅太阳刚刚浮出水面的图画，水面甚至还有太阳的倒影。到小篆，"旦"字的下半部分被简化为一横，不过我们仍然可以把这一横理解为地平线。之后，隶书追求字形的方正，"旦"字也就演变为现在的样子。现代汉语中，"旦"字不仅表示"早晨、天亮"，它还用来指"某一天"，如"元旦"；也可指戏曲里的女角，如"花旦"等。

【"旦"字的演变】

甲骨文	金文	小篆	隶书	简体字
呂	웃	旦	旦	旦

【英语一点通】

"旦"表示"黎明、拂晓"时,英文是 dawn。例如,from dawn till dusk 即表示"从早到晚",其中 dusk 意为"黄昏、傍晚"。英文中和 dawn 的音、形接近的一个词是 down,表示"在……的下方、在……的下端",比如"在山下"就是 down the hill。

【科普小知识】

"旦角"是指中国传统戏曲中的女性形象,可分为青衣、花旦、刀马旦、武旦、老旦、彩旦等。青衣又叫"正旦",多表现那些端庄稳重的中青年妇女,以唱功见长;花旦则是一些年轻、活泼、俏丽的小家碧玉或丫鬟;刀马旦表现那些女将或女元帅;武旦则是身怀武艺的江湖女子或神怪精灵;老旦表现的是老年女性;彩旦则是以滑稽和诙谐的表演为主的喜剧性角色。

春

春天到来，万物复苏，天气晴暖，绿草如
茵，大自然的一切都变得非常美好。古人感
受到了春天的这种美好气息和景象，于是
造出了一个会意兼形声的"春"字。他们在
甲骨上画出两棵小草和一个太阳，说明小
草在暖暖的春日下生长，以此来表示春
天的含义；又在右边画上一个"♪"，来做
"春"的声符。同时，"♪"像是草木破土而出
的胚芽形状，所以它也表明春季万木生
长。金文中，两棵小草并列，整个字形更
加紧凑；小篆承袭金文，字形变化不大；但
到隶书，"春"的字形得到简化和变形，已
看不出甲骨文中那种春意盎然、绿草繁
茂的景象。

【"春"字的演变】

甲骨文　　金文　　小篆　　隶书　　简体字

【英语一点通】

"春"的英文是 spring。除了"春天"的意思，spring 还可以表示"泉、源泉"或者"弹簧"。那么，小朋友能猜出 spring bed 说的是什么东西吗？因为 bed 的意思是"床"，spring 又有"弹簧"的意思，所以 spring bed 就是指"弹簧床"或"钢丝床"。

【寄语小读者】

古人有句俗语"一年之计在于春，一日之计在于晨"，意思是：一年中最宝贵的时间是春天，一天中最宝贵的时间是早晨。所以人们要在一年开始的春天、一天开始的早晨计划并做好工作，从而为全年、全天的工作打好基础。小朋友，这句俗语教会我们要充分利用时间，刻苦学习，这样才能不断取得进步！

山

wǒ men zǔ guó yǒu xǔ duō míng shān dà chuān　huá xià wén míng
我们祖国有许多名山大川，华夏文明

jiù fā yuán yú qún shān huán rào de huáng hé liú yù　　miàn duì wēi é
就发源于群山环绕的黄河流域。面对巍峨

gāo sǒng lián mián qǐ fú de shān mài　yuǎn gǔ de rén men qǔ xíng zào
高耸、连绵起伏的山脉，远古的人们取形造

zì gōu huà chū jiǎ gǔ wén zhōng gāo dī qǐ fú de shān de xíng
字，勾画出甲骨文中高低起伏的山的形

zhuàng　zài jīn wén zhōng　　shān zì xióng hún hòu zhòng　dàn réng
状 。在金文中，"山"字雄浑厚重，但仍

bù tuō shān de xíng xiàng　dào xiǎo zhuàn shí　shān zì jiàn qū fú
不脱山的形象。到小篆时，"山"字渐趋符

hào huà　yǐ tuō lí le jiǎ gǔ wén　jīn wén zhōng de shān de yàng
号化，已脱离了甲骨文、金文中的山的样

zi　hòu lái　zì xíng jìn yí bù jiǎn huà　lì shū xiě zuò　shān
子。后来，字形进一步简化，隶书写作"山"。

jiǎn tǐ zì chéng xí lì shū　zì xíng méi yǒu zài fā shēng yǎn biàn
简体字承袭隶书，字形没有再发生演变。

zài xǔ duō hàn zì zhōng　wǒ men hái kě yǐ fā xiàn yǒu　shān zì
在许多汉字中，我们还可以发现有"山"字

zuò piān páng de zì　zhè xiē zì dà dōu yǔ shān tǐ de gāo sǒng xióng
做偏旁的字，这些字大都与山体的高耸、雄

zhuàng yǒu guān　bǐ rú lǐng jùn wēi sōng luán yuè děng
壮有关，比如"岭、峻、巍、嵩、峦、岳"等。

【"山"字的演变】
shān zì de yǎn biàn

甲骨文	金文	小篆	隶书	简体字
		山	山	山

【英语一点通】
yīng yǔ yì diǎn tōng

"山"的英文有 mountain 和 hill。其中：mountain 一般指大的山脉，如泰山、华山等；hill 则指小一点的山或者丘陵。小朋友还要注意，表示"山"的 hill 和另外一个单词 kill 很像，但 kill 是"杀死"的意思，要辨别清楚哟！

【小朋友背诗词】
xiǎo péng you bèi shī cí

题西林壁
tí xī lín bì

〔宋〕苏轼
sòng   sū shì

横看成岭侧成峰，远近高低各不同。
héng kàn chéng lǐng cè chéng fēng   yuǎn jìn gāo dī gè bù tóng

不识庐山真面目，只缘身在此山中。
bù shí lú shān zhēn miàn mù   zhǐ yuán shēn zài cǐ shān zhōng

（注释 横看：指从山的正面看。侧：指从山的侧面看。远近高低：指看山的人站的不同位置。不识：不能认识、辨别。只缘：只是因为。此山：这座山，即庐山。）

石

shān shàng yǒu hěn duō shí tou　　rú guǒ tā men sōng dòng le　　jiù
山上有很多石头，如果它们松动了，就

huì cóng shān shàng gǔn luò xià lái　　gǔ rén gēn jù zhè zhǒng qíng kuàng
会从山上滚落下来。古人根据这种情况

zào chū le jiǎ gǔ wén zhōng de　shí　zì　　xiǎo péng you　qǐng nǐ
造出了甲骨文中的"石"字。小朋友，请你

guān chá　shí　zì de jiǎ gǔ wén　zuǒ biān de fú hào zài gǔ wén
观察"石"字的甲骨文：左边的符号在古文

zhōng yòng lái biǎo shì shān yá　　yòu biān de fú hào shì yí gè shí kuài
中用来表示山崖，右边的符号是一个石块

de xiàng xíng　liǎng gè fú hào zǔ hé zài yì qǐ　　jiù biǎo shì shān yá
的象形，两个符号组合在一起，就表示山崖

shàng luò xià yí kuài shí tou　　zài jīn wén hé xiǎo zhuàn zhōng　　wèi le
上落下一块石头。在金文和小篆中，为了

shū xiě fāng biàn　biǎo shì shān yá de fú hào bèi jiǎn huà wéi　　chǎng
书写方便，表示山崖的符号被简化为"厂"，

ér biǎo shì shí tou de fú hào zé zhú jiàn yǎn huà wéi　　kǒu　　shí
而表示石头的符号则逐渐演化为"口"。"石"

de běn yì jiù shì shí kuài　tā kě yǐ zuò dān zì yòng　　fàn zhǐ gè
的本义就是石块，它可以做单字用，泛指各

lèi shí tou　shí liào　yě kě yǐ zuò piān páng bù shǒu　gòu chéng de
类石头、石料；也可以做偏旁部首，构成的

zì qí yì si dà dōu yǔ shí tou de cái zhì huò zhě jiān yìng de shǔ xìng
字其意思大都与石头的材质或者坚硬的属性

yǒu guān　pì rú　　bēi　yán　yàn　yìng　děng
有关，譬如"碑、岩、砚、硬"等。

　　"石"的英文是 stone。在英文中有个短语 to kill two birds with one stone，意思是"一块石头杀死两只鸟"，也就是"一石二鸟"，比喻只做一件事情就得到了两种好处。另外，stone 中还包含了一个单词 tone，意思是"音调、语调、语气"等，小朋友可以对比着来记。

cí yǔ jù bǎo pén
【词语聚宝盆】

　　"他山之石"出自《诗经》，原文是"他山之石，可以攻玉"，意思是别的山上的石头坚硬，可以琢磨玉器。这个成语用来比喻能够帮助自己改正缺点的人或意见。与"他山之石"近义的词有"引以为戒、前车之鉴"等。

岩

xiǎo péng you dōu tīng shuō guo huā gāng yán shí huī yán ba
小朋友都听说过"花岗岩、石灰岩"吧？

zhè lǐ de yán dōu biǎo shì yán shí de yì si dàn shì zài
这里的"岩"都表示"岩石"的意思。但是，在

gǔ dài zhè ge zì bìng bù zhǐ yán shí tā běn lái de hán yì shì zhǐ
古代，这个字并不指岩石，它本来的含义是指

gāo jùn xiǎn yào jù shí tǐng lì de shān fēng zài jiǎ gǔ wén zhōng
高峻险要、巨石挺立的山峰。在甲骨文中，

yán zì miáo huà de shì shān xíng zhī shàng sǒng lì zhe sān kuài
"岩"字描画的是"山"形之上耸立着三块

jù shí zhè jiù xíng chéng le yí gè huì yì zì biǎo shì jù shí tǐng
巨石，这就形成了一个会意字，表示巨石挺

lì gāo sǒng chéng fēng bú guò xiǎo zhuàn yán zì yòu yǎn biàn
立、高耸成峰。不过，小篆"岩"字又演变

wéi yóu shān zì biǎo yì yóu yán yán zì biǎo yīn de xíng
为由"山"字表意、由"严（嚴）"字表音的形

shēng zì zhī hòu yán zì de qí tā zì xíng dōu yóu cǐ ér lái
声字；之后，"岩"字的其他字形都由此而来。

lìng wài yǒu yì si de shì zhè ge yán zì hái néng zuò wéi rén de
另外，有意思的是，这个"岩"字还能作为人的

xìng shì cháng jiàn yú wǒ guó shǎo shù mín zú zhōng de dǎi zú
姓氏，常见于我国少数民族中的傣族，

yán xìng rén jiā de lǎo dà yì bān dōu jiào yán wēng
"岩"姓人家的老大一般都叫岩翁。

【"岩"字的演变】
yán zì de yǎn biàn

甲骨文	小篆	隶书	简体字

【英语一点通】
yīng yǔ yì diǎn tōng

　　"岩"表示"岩石"时,英文是 rock。但是,英文中的词组 rock and roll 则指的是"摇滚乐",因为 rock 也有"摇动、摆动"的含义。另外,rock 可以和另外一个单词 cock(公鸡)对比着来记忆。小朋友可以这样想:公鸡站在岩石上,也就是 a cock on the rock。

【可爱的祖国】
kě ài de zǔ guó

　　岩石虽然坚固,但是经过上亿年的流水冲蚀,它会形成一种岩溶地貌,叫作喀斯特地貌。我国广西、贵州、云南等地就有典型的岩溶地貌分布,那里的岩石形态各异、气象万千,非常具有观赏价值。这类地貌有不少地方已经被开发为旅游景点。

041

丘

　　hàn yǔ zhōng　　qiū　zì de yì si yě shì shān　　nà me xiǎo
汉语中，"丘"字的意思也是山，那么小

péng you nǐ zhī dào qiū　yǔ　shān　yǒu shén me qū bié ma　　zài
朋友你知道"丘"与"山"有什么区别吗？在

jiǎ gǔ wén zhōng　qiū　zì yǔ　shān　zì fēi cháng xiāng xiàng　qū
甲骨文中，"丘"字与"山"字非常相像，区

bié jǐn zài yú　qiū　bǐ　shān　shǎo le yí zuò shān fēng　zhǐ yǒu
别仅在于"丘"比"山"少了一座山峰，只有

liǎng zuò　　lìng wài　shān　zì qǐ fú lián mián　ér　qiū　zì zhōng
两座；另外，"山"字起伏连绵，而"丘"字中

jiān duàn kāi　biǎo shì liǎng zuò shān fēng shì cóng dì miàn lóng qǐ de
间断开，表示两座山峰是从地面隆起的

shān bāo　tā men bìng bù xiāng lián　dàn shì　cóng jīn wén dào xiǎo
山包，它们并不相连。但是，从金文到小

zhuàn　　qiū　zì měi cì fā zhǎn dōu yǒu yí cì zì xíng de yǎn biàn
篆，"丘"字每次发展都有一次字形的演变，

jī běn kàn bù chū　qiū　zì duì shān de xiàng xíng miáo huà　dào lì
基本看不出"丘"字对山的象形描画；到隶

shū　qiū　zì dìng xíng　yǐ wán quán tuō lí le jiǎ gǔ wén zhōng
书，"丘"字定型，已完全脱离了甲骨文中

shān fēng de tú àn　gǔ rén céng dìng yì　yǒu shí tou de shì shān
山峰的图案。古人曾定义：有石头的是山，

méi shí tou de shì qiū　xiàn dài hàn yǔ zhōng　qiū　yì bān zhǐ xiǎo
没石头的是丘。现代汉语中，"丘"一般指小

ér dī ǎi de shān fēng huò xiǎo tǔ shān　yě kě zhǐ gāo chū píng dì de
而低矮的山峰或小土山，也可指高出平地的

tǔ duī　rú　qiū líng　shān qiū　fén qiū　děng
土堆，如"丘陵、山丘、坟丘"等。

yīng yǔ yì diǎn tōng
【英语一点通】

"丘"的英文是 mound，表示"土墩、坟堆或小山岗"等。英文中，表示"坟堆或墓穴"的还有一个词是 grave。单词 grave 和 brave 很接近，brave 的意思是"勇敢的、大胆的"。

xiǎo péng you bèi shī cí
【小朋友背诗词】

guī yuán tián jū qí yī
归 园 田 居（其一）

jìn táo yuān míng
〔晋〕陶 渊 明

shào wú shì sú yùn　xìng běn ài qiū shān　wù luò chén wǎng
少 无 适 俗 韵，性 本 爱 丘 山。误 落 尘 网

zhōng　yí qù sān shí nián　jī niǎo liàn jiù lín　chí yú sī gù
中，一 去 三 十 年。羁 鸟 恋 旧 林，池 鱼 思 故

yuān　kāi huāng nán yě jì　shǒu zhuō guī yuán tián　fāng zhái shí
渊。开 荒 南 野 际，守 拙 归 园 田。方 宅 十

yú mǔ　cǎo wū bā jiǔ jiān　yú liǔ yìn hòu yán　táo lǐ luó táng
余 亩，草 屋 八 九 间。榆 柳 荫 后 檐，桃 李 罗 堂

qián　ài ài yuǎn rén cūn　yī yī xū lǐ yān　gǒu fèi shēn xiàng
前。暖 暖 远 人 村，依 依 墟 里 烟。狗 吠 深 巷

zhōng　jī míng sāng shù diān　hù tíng wú chén zá　xū shì yǒu yú
中，鸡 鸣 桑 树 颠。户 庭 无 尘 杂，虚 室 有 余

xián　jiǔ zài fán lóng lǐ　fù dé fǎn zì rán
闲。久 在 樊 笼 里，复 得 返 自 然。

厂

"厂"在现代汉语中是"廠"的简体字，指用机械制造生产资料或生活资料的场所，如"纺织厂"。但在造字之初，它指山边岩石突出覆盖处的人可居住的地方。甲骨文中，"厂"就是一个向外突出的岩石的象形。金文的"厂"多了一个"干"的图形，表示此处可以供人居住。小篆又恢复了甲骨文的简单象形，之后其字形再没发生演变。

虽然现在"厂"字借用为"廠"的简体字，意义发生改变，但汉字中以"厂"为部首的字，却基本都保留了"厂"的本义，如"厝、厨、厦、厩、厕"等，基本都与山崖或者房屋有关。

【"厂"字的演变】
chǎng zì de yǎn biàn

甲骨文	金文	小篆	隶书	简体字
⅂	仄	厂	廠	厂

【英语一点通】
yīng yǔ yì diǎn tōng

"厂"的英文有 factory 和 mill 等。其中：factory 泛指一切"工厂"；mill 多指轻工业类的制造厂，如磨坊等。另外，mill 和表示"小山"的 hill 很像，要注意区别。小朋友可以联想：一个磨坊在山上，即 a mill on the hill。

【小朋友听故事】
xiǎo péng you tīng gù shi

在我国明代，皇帝为了监视官吏、镇压人民，先后设立锦衣卫、东厂、西厂等国家特务情报机关，并由他们的亲信宦官担任首领。受到皇帝宠幸的无赖出身的太监魏忠贤就曾任东厂提督，他残害官民、暴虐成性。一次，有个平民在酒后骂了他，被特务听到，魏忠贤竟下令将骂人者当场残杀。魏忠贤的肆虐专制激化了社会矛盾，加速了明朝的灭亡。

原

现代汉语中，"原"常用来指平原，也就是广阔的平地。但它的最初含义是指水流发源的地方，即水源。在金文中，"原"字由表示山崖的"厂"和"泉"的象形字组合而成，表示泉水源自山岩之间。到小篆，"原"字渐脱象形的特点，可以看作是小篆的"厂"字和"泉"字的结合。后随着"厂"和"泉"字的演变，到隶书时，"原"字也确定了字形，一直沿用至今。但是，人们为了区别由"原"字引申出来的众多含义，就另造"源"字来表示"原"的本义，即水源。而"原"则用来表示"平原、原始、原因、原来"等意思。

金文　　　小篆　　　隶书　　　简体字

原　　　原　　　原　　　原

yīng yǔ yì diǎn tōng
【英语一点通】

　　"原"指"平原"时，英文是 plain，它和 plane 即"飞机"的读音相同，小朋友不要搞混了。另外，如果"原"指"原来的"，英文则是 original，如 the original picture 就是指"画的原作"。同时，original 还有"独创的、新颖的"含义，比如"一部新颖的书"就是 an original book。

xiǎo péng you bèi shī cí
【小朋友背诗词】

lè yóu yuán
乐游原

táng　lǐ shāng yǐn
〔唐〕李 商 隐

xiàng wǎn yì bú shì　qū chē dēng gǔ yuán
向 晚 意 不 适，驱 车 登 古 原。

xī yáng wú xiàn hǎo　zhǐ shì jìn huáng hūn
夕 阳 无 限 好，只 是 近 黄 昏。

（注释　乐游原：在长安[今西安]城南，是唐代长安城内地势最高地。向晚：傍晚。意：情绪。不适：不悦，不快。近：快要。）

厚

kàn dào hòu zì de chǎng zì tóu xiǎo péng you néng cāi
看到"厚"字的"厂"字头，小朋友能猜
chū lái hòu zì de běn yì yǔ shān yá yǒu guān ba què shí
出来"厚"字的本义与山崖有关吧？确实，
hòu shì yí gè huì yì zì zài jiǎ gǔ wén zhōng tā yóu biǎo shì
"厚"是一个会意字，在甲骨文中，它由表示
shān yá de chǎng hé biǎo shì duō céng yán shí de jǐ gè xiǎo kuàng
山崖的"厂"和表示多层岩石的几个小框
zǔ chéng liǎng xíng huì yì zhěng gè zì jiù biǎo shì shān tǐ de hòu
组成，两形会意，整个字就表示山体的厚
zhòng jīn wén de hòu zì yǔ jiǎ gǔ wén xiāng sì dàn yán céng
重。金文的"厚"字与甲骨文相似，但岩层
yòu duō le yì xiē jiā shēn le hòu zhòng de hán yì dào xiǎo
又多了一些，加深了"厚重"的含义。到小
zhuàn jīn wén de xiàng xíng kāi shǐ fú hào huà dàn chǎng xià biǎo
篆，金文的象形开始符号化，但"厂"下表
shì yán céng de fú hào de hén jì réng kě biàn míng ér cóng lì shū
示岩层的符号的痕迹仍可辨明。而从隶书
kāi shǐ hòu zì jiù jī běn shī qù xiàng xíng de tè zhēng xiàn
开始，"厚"字就基本失去象形的特征。现
dài hàn yǔ zhōng hòu yǒu zhōng hòu shēn hòu zhòng shì yōu
代汉语中，"厚"有"忠厚、深厚、重视、优
hòu děng yì si rú hòu jiāo hòu dài hòu ài děng
厚"等意思，如"厚交、厚待、厚爱"等。

【"厚"字的演变】
hòu zì de yǎn biàn

甲骨文	金文	小篆	隶书	简体字
厚	厚	厚	厚	厚

【英语一点通】
yīng yǔ yì diǎn tōng

　　"厚"表示"厚的、粗的"等意思时，英文是 thick，比如 a thick coat 即指"一件厚外套"。与 thick 反义的词是 thin，意思是"薄的"，比如"一件薄衬衫"即 a thin shirt。与 thin 相似的单词有 think，意思是"考虑"。小朋友可以用句子"我在考虑是穿厚的还是薄的衬衫"来记住 think、thick 和 thin 这三个单词。

【词语聚宝盆】
cí yǔ jù bǎo pén

　　"厚此薄彼"是说重视或优待一方，而轻视或怠慢另一方。这个成语用来比喻对人、对事不同看待。例如：至于各地方抗日力量，则宜一体爱护，不宜厚此薄彼。与"厚此薄彼"近义的成语有"另眼相看、薄彼厚此、厚彼薄此"等；与它反义的成语有"不偏不倚、一视同仁"等。

049

水

作为一种我们十分常见的物质，水是地球上所有生命得以生存的重要资源。远古的人逐水而居，很早就对水及河流有了认识。反映在文字上，甲骨文中的"水"字描画的就是流动的河水：中间弯曲的实线表示河道，两边的四个点表示水流。金文和小篆的"水"字与甲骨文一脉相承，但从隶书开始，"水"字的形体发生了演变，虽然我们依稀可辨别它的发展轨迹，但已经看不出水流之形了。在古文中，"水"通常用来指代河流，比如称渭河为"渭水"；后来也泛指一切水域，像水陆运输中所指的水等。

小朋友，虽然水很常见，但地球上的水资源却是有限的，我们一定要学会节约用水哟！

甲骨文	金文	小篆	隶书	简体字

"水"的英文是 water。如果说"一杯水",英文则是 a glass of water 或者 a cup of water。和 water 相似的单词有 later,意思是"之后、后来"等。另外,"水立方"的英文是 Water Cube,其中 cube 的意思是"立方体"。小朋友知道"水立方"是什么吗?

kě ài de zǔ guó
【可爱的祖国】

shuǐ lì fāng jí guó jiā yóu yǒng zhōng xīn wèi yú běi jīng
"水立方"即国家游泳中心,位于北京

ào lín pǐ kè gōng yuán nèi shì běi jīng wèi nián xià jì ào
奥林匹克公园内,是北京为 2008 年夏季奥

yùn huì xiū jiàn de zhǔ yóu yǒng guǎn yě shì nián běi jīng ào
运会修建的主游泳馆,也是 2008 年北京奥

yùn huì de biāo zhì xìng jiàn zhù wù zhī yī gāi jiàn zhù chéng fāng hé
运会的标志性建筑物之一。该建筑呈方盒

zi xíng zhuàng tā de mó jié gòu shì gēn jù xì bāo pái liè xíng shì
子形状,它的膜结构是根据细胞排列形式

hé féi zào pào tiān rán jié gòu shè jì ér chéng de
和肥皂泡天然结构设计而成的。

州

"州"字常用来指地名，比如"苏州、杭州"等，但是你知道吗？"州"字最初的意思是水中的小块陆地。你看甲骨文中的"州"字，它是在代表河流的"川"字中间加上一个小圆圈，来说明"州"就是河流中泥沙沉积而成的小块陆地。但它为何又用来指地名呢？相传远古时期洪水泛滥，大禹前往治水，把老百姓躲避水灾的水中高地分成了九个部分，称为九州。由此，州就成了一种被划分的地理区域，逐渐地便专门用来指代地名了。后世为了表示水中陆地的概念，就另外造出了形声字"洲"来代替"州"的本义。

【"州"字的演变】
zhōu zì de yǎn biàn

甲骨文	金文	小篆	隶书	简体字
川	川	川	州	州

【英语一点通】
yīng yǔ yì diǎn tōng

"州"的英文是 state，是有些国家的一种行政区划，比如美国的纽约州就是 New York State 或 State of New York，其级别相当于我国的省级行政区。但是，"省份"的英文是 province，如四川省就是 Sichuan Province。另外，state 还有"国家、政府"的意思。

【小朋友背诗词】
xiǎo péng you bèi shī cí

诗经·关雎
shī jīng guān jū

guān guān jū jiū   zài hé zhī zhōu   yǎo tiǎo shū nǚ   jūn zǐ hǎo
关 关 雎 鸠，在 河 之 洲 。窈 窕 淑 女，君 子 好

qiú   cēn cī xìng cài   zuǒ yòu liú zhī   yǎo tiǎo shū nǚ   wù mèi qiú zhī
逑 。参 差 荇 菜，左 右 流 之 。窈 窕 淑 女，寤 寐 求 之 。

qiú zhī bù dé   wù mèi sī fú   yōu zāi yōu zāi   zhǎn zhuǎn fǎn cè   cēn
求 之 不 得，寤 寐 思 服 。悠 哉 悠 哉，辗 转 反 侧 。参

cī xìng cài   zuǒ yòu cǎi zhī   yǎo tiǎo shū nǚ   qín sè yǒu zhī   cēn cī
差 荇 菜，左 右 采 之 。窈 窕 淑 女，琴 瑟 友 之 。参 差

xìng cài   zuǒ yòu mào zhī   yǎo tiǎo shū nǚ   zhōng gǔ yuè zhī
荇 菜，左 右 芼 之 。窈 窕 淑 女，钟 鼓 乐 之 。

（**注释** 关关：水鸟叫声。雎鸠：一种水鸟。洲：水中的陆地。窈窕：身材体态美好的样子。淑：善，好。好逑：理想的配偶。参差：长短不齐的样子。荇菜：水草类植物。流：义同"求"，这里指摘取。寤：睡醒。寐：睡着。思：语气助词。服：思念，牵挂。悠：忧思的样子。友：用作动词，此处有亲近之意。芼：择取，挑选。）

川

“川”字是一个象形字,最初的含义指河流。在甲骨文中,“川”字两侧实线并行,表示河岸;中间断线,代表流水;整个字描画了河流的形象。金文为了简便,将中间的断线连了起来,之后小篆等字体与此一致,最终演变为现在的“川”字。在古代,“川”是一般的河流的代称,而“河”用来专指黄河,“江”则是专指长江。另外,“川”字有时还用来表示河流冲积而成的平原,或者是山、高原之间的平地,比如“八百里秦川”说的就是我国秦岭以北由渭河冲积形成的关中平原,该地区是中华文明的发祥地。

【"川"字的演变】

甲骨文	金文	小篆	隶书	简体字
巛	巛	巛	川	川

【英语一点通】
yīng yǔ yì diǎn tōng

"川"做"河流"讲时，英文是 river；做"平原"讲时，英文是 plain，比如"华北平原"就是 North China Plain。单词 river 和 diver 只相差一个字母，diver 指"潜水员"或"跳水运动员"。小朋友可以通过联想"潜水员跳到小河里"来记忆 diver 和 river。

【词语聚宝盆】
cí yǔ jù bǎo pén

"川流不息"这个成语用来形容行人、车马等像水流一样来来往往、连续不断。例如：广场上车辆密集，来来往往、川流不息。与"川流不息"近义的词有"络绎不绝、接踵而至"等，反义的词有"水泄不通"。

沙

小朋友去过沙滩，玩过沙子吗？沙是一种非常细碎的小石粒，不仅沙漠里有，居住在海边、河边的人们在沙滩上也能看到。我们的先民逐水而居，所以他们见到的沙子就在沙滩。反映在造字上，甲骨文和金文就都以水边画上四个或六个小点来会意沙滩上的"沙"。小篆中的"沙"字趋向线条化，表示沙子的小点也失去象形的特点；隶书缘此进行简化，整个字形变得完全符号化。小朋友都知道松散是沙子的特点，抓到手里它们也会一点点流掉。但是，艺术家们却能用沙子做出各种沙雕作品，现在每年都有国家举办各种沙雕竞赛和活动。

| 甲骨文 | 金文 | 小篆 | 隶书 | 简体字 |

yīng yǔ yì diǎn tōng
【英语一点通】

"沙"的英文是 sand,指"沙子、沙滩"等,如 quick sand 即指"流沙"。看到单词 sand,小朋友是不是能想到另外一个单词 stand 呢? stand 比 sand 多了一个字母 t,意思是"站立"。老师上课前,班长是不是要喊 stand up(起立),要小朋友们向老师行礼呢?

cí yǔ jù bǎo pén
【词语聚宝盆】

chéng yǔ jù shā chéng tǎ shì shuō jù jí xì shā duī chéng
成语"聚沙成塔"是说聚集细沙堆成
bǎo tǎ zuì chū zhǐ xiǎo péng you men jìn xíng de duī tǎ yóu xì hòu
宝塔,最初指小朋友们进行的堆塔游戏,后
lái yòng yú bǐ yù jī shǎo chéng duō jù xiǎo chéng dà yǔ jù
来用于比喻积少成多、聚小成大。与"聚
shā chéng tǎ jìn yì de cí yǒu jí yè chéng qiú jī shǎo chéng
沙成塔"近义的词有"集腋成裘、积少成
duō děng fǎn yì de cí yǒu bēi shuǐ chē xīn děng
多"等,反义的词有"杯水车薪"等。

泉

小朋友在广场、公园里看见的喷泉基本都是人工喷水设备，是人们为了造景需要，用来美化环境的。天然喷泉一般都在山石之间，是一种自然景观。古人观察到泉水由地下喷涌而出，于是根据它的形态，造出了象形字"泉"。甲骨文中的"泉"字，就像有水源从泉眼汩汩流出，形象逼真、栩栩如生；金文中的"泉"仍然保持象形的特点，在文字中间竖线的两边加上小点，就像是水流穿过山石之间；到小篆，"泉"字开始线条化，但其寥寥几笔仍能表现泉眼涌出水源；到隶书，"泉"字完全符号化，人们已很难看出它的象形意味。

甲骨文	金文	小篆	隶书	简体字

yīng yǔ yì diǎn tōng
【英语一点通】

"泉"的英文是 spring,如"矿泉"即 mineral spring,其中 mineral 的意思是"矿石、矿物质"。另外,fountain 也能表示"喷水、喷泉",但它特指供观赏或供饮用的人工泉或喷泉;而 spring 则指从地面自然涌出的天然泉。除了表示"泉",spring 还有"春天"等含义。

xiǎo péng you bèi shī cí
【小朋友背诗词】

xiǎo chí
小 池

sòng yáng wàn lǐ
〔宋〕杨 万 里

quán yǎn wú shēng xī xì liú shù yīn zhào shuǐ ài qíng róu
泉 眼 无 声 惜 细 流, 树 阴 照 水 爱 晴 柔。

xiǎo hé cái lù jiān jiān jiǎo zǎo yǒu qīng tíng lì shàng tóu
小 荷 才 露 尖 尖 角, 早 有 蜻 蜓 立 上 头。

(注释 泉眼:泉水的出口。惜:吝惜。晴柔:晴天里柔和的风光。小荷:指刚刚长出水面的嫩荷花。尖尖角:还没有展开的荷花的尖端。头:上方。)

渊

"渊"是一个象形字,表示的是深水之潭,但它本来的含义是指打旋涡的水。在甲骨文中,"渊"的字形就像一个四面围起来的水潭,里面是表示打旋涡的水的线条;到金文,"渊"字演变为左右结构,水流在左、水潭在右,而表示水潭的图形里的短横线仍喻指旋涡。小篆的"渊"字承袭了金文的结构,但字形渐趋线条化。隶书中,"渊"字得到简化,然而,字的右半部分虽然已经符号化,但似乎仍能看到水打旋涡的样子。在汉语中,"渊"字还被用作形容词,比如"渊深"是指一个人知识广泛而又精深,而"渊才"是说一个人有渊博的才能,"渊心"是指一个人内心渊深,"渊薮"则是指人或事物集中的地方。

甲骨文	金文	小篆	隶书	简体字

A

yīng yǔ yì diǎn tōng
【英 语 一 点 通】

"渊"表示"深渊、深潭"时,英文是 deep pool。其中:deep 既可作名词指"深处",如 in the deep of the forest(森林)意即"在森林深处";也可作形容词指"深的",如"The river is not deep."意为"这条河不深"。单词 pool 的意思是"水池",如"游泳池"即为 swimming pool。

cí yǔ jù bǎo pén
【词 语 聚 宝 盆】

rú lín shēn yuān shì shuō rú tóng chǔ yú shēn yuān biān yuán
"如 临 深 渊"是 说 如 同 处 于 深 渊 边 缘

yì bān bǐ yù cún yǒu jiè xīn xíng shì jí wéi jǐn shèn lì rú
一 般,比 喻 存 有 戒 心,行 事 极 为 谨 慎。例 如:

zì cóng jiē shòu zhè yí zhòng rèn tā rú lín shēn yuān sī háo bù
自 从 接 受 这 一 重 任,他 如 临 深 渊,丝 毫 不

gǎn dà yì yǔ rú lín shēn yuān jìn yì de cí yǒu tí xīn diào
敢 大 意。与 "如 临 深 渊" 近 义 的 词 有 "提 心 吊

dǎn xiǎo xīn jǐn shèn zhàn zhàn jīng jīng rú lǚ bó bīng děng
胆、小 心 谨 慎、战 战 兢 兢、如 履 薄 冰" 等。

派

现代汉语中，"派"字既可以当名词用，如"流派、气派"等，也可以当动词用，如"派遣、摊派"等，有时还能用作量词，如"一派新气象"等。但"派"的最初含义是指水的支流。甲骨文中的"派"，就是一条河水有支流流入其他水道的象形；到金文，水流的两边增添了河堤的图形，省去了表示河水的小点，但字的含义仍是水的支流；小篆中，"派"字演变成左右结构，左边多出了"水"字旁，右边依旧保留金文的字形；到隶书，"派"字完全符号化，整个字在造字方式上也从象形转化为形声。简体字沿用隶书字形，未作改变。

甲骨文　　金文　　小篆　　隶书　　简体字

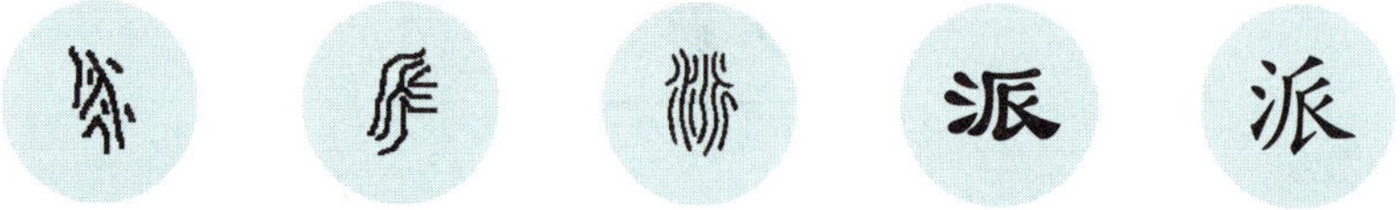

派　派

【英语一点通】

yīng yǔ yì diǎn tōng

"派"指"流派、派别"时,英文有 school 和 group。其中,school 指"学派、流派",但 school 最常用的意思是"学校",如"去上学"就是 go to school。单词 group 也有"组、群、团体、类"等意思,如 a pop group 就是指"一个流行乐团",其中 pop 的意思是"流行音乐"。

【可爱的祖国】

kě ài de zǔ guó

圆周率一般以 π 来表示,约等于 3.1415926,是一个普遍存在于数学及物理学中的数学常数,是精确计算圆周长、圆面积、球体积等几何形状的关键值。它的定义是圆形之周长和直径的比值。我国南北朝时期数学家祖冲之,约在 5 世纪下半叶就将圆周率精确到小数点后 7 位,是世界上最早把圆周率算到如此精确的人,他的辉煌成就比欧洲至少早了 1000 年。

冰

bīng shì zì rán jiè zhōng de shuǐ lěng níng ér chéng de gù tǐ xíng
冰是自然界中的水冷凝而成的固体形

tài tā huì suí shuǐ suǒ chǔ de wèi zhì de bù tóng ér xíng chéng bù
态，它会随水所处的位置的不同而形成不

tóng de xíng zhuàng jiǎ gǔ wén jīn wén zhōng de bīng zì dōu
同的形状。甲骨文、金文中的"冰"字，都

shì yóu liǎng gè rén zì xíng de fú hào xiāng dié ér chéng de miáo
是由两个"人"字形的符号相叠而成的，描

huà de jiù shì shān jiān liú shuǐ dòng jié chéng de bīng kuài de xíng
画的就是山间流水冻结成的冰块的形

zhuàng zài xiǎo zhuàn zhōng bīng zì duō chū le yí gè xiàng xíng
状。在小篆中，"冰"字多出了一个象形

de shuǐ zì biǎo shì bīng lái zì shuǐ de dòng jié yě biǎo míng
的"水"字，表示"冰"来自水的冻结，也表明

bīng shǔ yú shuǐ de zhè yí gè běn zhì tè zhēng qí hòu bīng de
冰属于水的这一个本质特征。其后，"冰"的

gè zì tǐ yuán xiǎo zhuàn ér chéng zuì hòu jiǎn xiě wéi wǒ men xiàn zài
各字体缘小篆而成，最后简写为我们现在

shū xiě de bīng xiǎo péng you yǐ jīng zhī dào le bīng qí shí
书写的"冰"。小朋友已经知道了"冰"其实

yě shì shuǐ dàn shì yǒu yì zhǒng bīng yǔ shuǐ méi yǒu guān xì zhè
也是水，但是有一种"冰"与水没有关系，这

jiù shì rén men suǒ shuō de gān bīng zhè zhǒng wù zhì shí jì shàng
就是人们所说的"干冰"，这种物质实际上

shì èr yǎng huà tàn de gù tǐ xíng tài
是二氧化碳的固体形态。

bīng zì de yǎn biàn
【"冰"字的演变】

甲骨文	金文	小篆	隶书	简体字

【英语一点通】
yīng yǔ yì diǎn tōng

"冰"的英文是 ice。英文中，ice 可以组成很多新的单词，例如：ice age（年龄、时代）指"冰河时代"；ice box（盒子）指"冰箱"；ice cream（奶油）指"冰淇淋"；Iceland 则指一个欧洲岛国，即"冰岛"。

【小朋友背诗词】
xiǎo péng you bèi shī cí

芙蓉楼送辛渐
fú róng lóu sòng xīn jiàn

〔唐〕王昌龄
táng wáng chāng líng

寒雨连江夜入吴，平明送客楚山孤。
hán yǔ lián jiāng yè rù wú　píng míng sòng kè chǔ shān gū

洛阳亲友如相问，一片冰心在玉壶。
luò yáng qīn yǒu rú xiāng wèn　yí piàn bīng xīn zài yù hú

（**注释** 芙蓉楼：原名西北楼，在润州〔今江苏镇江〕北。连江：满江。吴：三国时吴国在长江下游一带，所以称这一带为吴。平明：天亮的时候。楚山：春秋时楚国在长江中下游一带，所以称这一带的山为楚山。孤：独自，孤单一人。冰心：比喻纯洁的心。）

火

huǒ zài wǒ men rén lèi jìn huà de guò chéng zhōng qǐ guo zhòng yào
火在我们人类进化的过程中起过重要

zuò yòng rén lèi duì huǒ de rèn shi shǐ yòng hé zhǎng wò shì rén
作用，人类对火的认识、使用和掌握，是人

lèi rèn shi zì rán bìng lì yòng zì rán lái gǎi shàn shēng chǎn hé shēng
类认识自然，并利用自然来改善生产和生

huó de dì yī cì shí jiàn suǒ yǐ wǒ men de xiān mín zài zào zì shí
活的第一次实践，所以我们的先民在造字时

bì rán shǎo bù liǎo duì huǒ de miáo shù jiǎ gǔ wén zhōng de huǒ
必然少不了对火的描述。甲骨文中的"火"

shì yí gè hěn diǎn xíng de xiàng xíng zì zhěng gè zì xíng jiù xiàng yì
是一个很典型的象形字，整个字形就像一

tuán rán shāo zhe de huǒ dào jīn wén huǒ biàn chéng shí xīn de tú
团燃烧着的火；到金文，"火"变成实心的图

àn ér jīn wén hòu qī shí huǒ zì yòu yǎn biàn wéi xíng sì chái
案，而金文后期时，"火"字又演变为形似柴

huo shàng mào zhe huǒ miáo de tú xiàng xiǎo zhuàn de zì xíng jiù chéng
火上冒着火苗的图像；小篆的字形就承

xí le hòu qī jīn wén de zhè zhǒng xiě fǎ cóng lì shū qǐ huǒ
袭了后期金文的这种写法；从隶书起，"火"

de jiǎn jié shēng dòng de zì xíng zài méi yǒu fā shēng biàn huà yì zhí
的简洁生动的字形再没有发生变化，一直

yán yòng zhì jīn zài hàn zì zhōng hái yǒu bù shǎo yǐ huǒ wéi bù
沿用至今。在汉字中，还有不少以"火"为部

shǒu de zì rú chǎo bào dēng jiǔ yán děng tā men de yì
首的字，如"炒、爆、灯、灸、炎"等，它们的意

si jī běn dōu yǔ huǒ huò zhě huǒ de shǐ yòng yǒu guān
思基本都与火或者火的使用有关。

甲骨文　　金文　　小篆　　隶书　　简体字

【英语一点通】
yīng yǔ yì diǎn tōng

　　"火"的英文是 fire。英文中有一个和 fire 相关的短语 play with fire,意思是"玩火",也就是"铤而走险"的意思。玩火很危险,小朋友可千万别玩火。"不要玩火!"用英语讲就是"Don't play with fire!"。另外,fire 还有"解雇"的意思,想想看,被人解雇了,心里是不是就很"火"呢?

【小朋友学儿歌】
xiǎo péng you xué ér gē

火
huǒ

我 最 中 意 星 星 火, 火 的 好 处 真 真 多。
wǒ zuì zhòng yì xīng xīng huǒ huǒ de hǎo chù zhēn zhēn duō

赶 走 黑 暗 多 威 风, 光 辉 温 暖 都 给 我。
gǎn zǒu hēi àn duō wēi fēng guāng huī wēn nuǎn dōu gěi wǒ

你 要 取 暖 可 生 火, 你 要 煮 饭 应 生 火。
nǐ yào qǔ nuǎn kě shēng huǒ nǐ yào zhǔ fàn yīng shēng huǒ

冬 天 干 燥 多 火 灾, 火 种 不 要 家 中 播。
dōng tiān gān zào duō huǒ zāi huǒ zhǒng bú yào jiā zhōng bō

炎

看到"炎"字，小朋友即使不知道它的意思，但根据两个"火"字叠加在一起的字形，你大概也能猜到"炎"的含义。想想看，在夏天，一把火就让人感到热了，再来一把火，那岂不就是"酷热"？但是，甲骨文中的"炎"，本义却是火苗升腾，它由两个指代火苗的"火"字会意而成。其后，"炎"的字体不断演变，但其由上下两个"火"字组成的字形却得以保留。不过，"炎"的字义也有演变，人们从它的本义引申出"炽热"等含义，如"炎暑、炎夏、炎日"等，甚至由炽热上火又衍生出人体"炎症"的意思，如"喉炎、牙龈炎"等。

yán zì de yǎn biàn
【"炎"字的演变】

甲骨文	金文	小篆	隶书	简体字
炎	炎	炎	炎	炎

yīng yǔ yì diǎn tōng
【英语一点通】

"炎"表示"炎热"时，英文是 torridity。小朋友要记住，torridity 是一个名词，它的形容词形式是 torrid，表示"炎热的"。例如，in the torrid sun 意即"在炎热的太阳下"。另外，英文中还有一个形容词 hot，也可以表示"热的"，如"It's extremely hot there."意为"那里的天气炎热"。

kě ài de zǔ guó
【可爱的祖国】

炎帝是中华民族的始祖之一，传说为上古姜姓部落首领。他与黄帝结盟并逐渐形成了华夏族，这才有了今天的华夏子孙。人们大都认为炎帝就是传说中的神农氏，他教会人们制造耒耜、种植五谷，倡导开辟贸易市场，教人们用麻桑制作衣裳，发明乐器五弦琴，并创造了弓箭等，为中华民族的生存繁衍和发展作出了重要贡献。

灰

"灰"字有表示颜色的含义，比如"灰色、灰太狼"；也能表示物体燃烧后的残余物，例如"灰烬"。在金文中，"灰"字的上半部分是手的象形"又"字，下半部分是"火"的象形字。两种图形组合会意，表示用手从熄灭的火堆里取出灰烬。到小篆，"灰"字省掉了"又"中的小点。隶书缘此写成"灰"，并沿用至今。因为熄灭的灰烬不能再次燃烧起来，所以，人们常用"灰心"来比喻丧失信心或者表示意志消沉，比如我们日常用到的词就有"心灰意冷、心如死灰"等。小朋友要学会坚强，遇到挫折任何时候都不能灰心哟！

【"灰"字的演变】

huī zì de yǎn biàn

金文	小篆	隶书	简体字

【英语一点通】

yīng yǔ yì diǎn tōng

"灰"表示"灰烬"时,英文是 ash。但当"灰"表示"灰色"时,英文是 gray。例如,"灰色背景"即 gray background,其中 background 指"背景"。

【小朋友背诗词】

xiǎo péng you bèi shī cí

念奴娇·赤壁怀古

niàn nú jiāo   chì bì huái gǔ

〔宋〕苏轼

sòng   sū shì

大江东去,浪淘尽,千古风流人物。故垒西边,人道是,三国周郎赤壁。乱石穿空,惊涛拍岸,卷起千堆雪。江山如画,一时多少豪杰。

遥想公瑾当年,小乔初嫁了,雄姿英发。羽扇纶巾,谈笑间,樯橹灰飞烟灭。故国神游,多情应笑我,早生华发。人生如梦,一尊还酹江月。

灾

　　yuǎn gǔ shí dài　　shuǐ hé huǒ gěi rén men de shēng huó dài lái hǎo
　　远 古 时 代，水 和 火 给 人 们 的 生 活 带 来 好
chù de tóng shí　 yě shí cháng huì dài lái zāi nàn　 bǐ rú　 hóng shuǐ
处 的 同 时，也 时 常 会 带 来 灾 难，比 如：洪 水
yān mò le rén men qī xī de lù dì　　 dà huǒ fén shāo le rén men jū
淹 没 了 人 们 栖 息 的 陆 地，大 火 焚 烧 了 人 们 居
zhù de fáng wū　　 suǒ yǐ　　　zāi　 zì de chuàng zào biǎo míng le rén
住 的 房 屋。所 以，"灾"字 的 创 造 表 明 了 人
men duì yú shuǐ　 huǒ suǒ zào chéng de zāi nàn de kǒng jù hé jì yì
们 对 于 水、火 所 造 成 的 灾 难 的 恐 惧 和 记 忆。
zài lì shū zhī qián　 gè zì tǐ zhōng de　 zāi　 zì dōu yǒu liǎng zhǒng
在 隶 书 之 前，各 字 体 中 的 "灾"字 都 有 两 种
xiě fǎ　 biǎo dá le shuǐ hé huǒ dōu néng zào chéng zāi nàn de　yì si
写 法，表 达 了 水 和 火 都 能 造 成 灾 难 的 意 思。
jiǎ gǔ wén zhōng　 dì yī zhǒng xiě fǎ biǎo shì hóng shuǐ fàn làn　 qí
甲 骨 文 中，第 一 种 写 法 表 示 洪 水 泛 滥，其
jīn wén hái huà shàng yí gè yuán quān　 biǎo shì hóng shuǐ yān mò le　lù
金 文 还 画 上 一 个 圆 圈，表 示 洪 水 淹 没 了 陆
dì　 dì èr zhǒng xiě fǎ shì gè huì yì zì　 yòng biǎo shì fáng wū de
地；第 二 种 写 法 是 个 会 意 字，用 表 示 房 屋 的
　 xià cuān chū huǒ miáo lái shuō míng fáng wū zháo huǒ　 jí zāi nàn
"宀"下 蹿 出 火 苗 来 说 明 房 屋 着 火，即 灾 难
fā shēng　　 dì yī zhǒng xiě fǎ de xiǎo zhuàn jiāng liǎng zhǒng　 zāi
发 生。第 一 种 写 法 的 小 篆 将 两 种 "灾"
zì de xiě fǎ róng hé　 biǎo shì shuǐ　 huǒ dōu néng chéng zāi　 ér
字 的 写 法 融 合，表 示 水、火 都 能 成 灾，而
　 zāi　de fán tǐ zì　zāi　 jí yuán cǐ ér lái　 dào lì shū liǎng
"灾"的 繁 体 字 "災"即 缘 此 而 来。到 隶 书，两
zhǒng xiě fǎ yòu dōu yǎn biàn wéi zì xíng jiǎn jié de　 zāi
种 写 法 又 都 演 变 为 字 形 简 洁 的 "灾"。

zāi zì de yǎn biàn
【"灾"字的演变】

甲骨文	金文	小篆	隶书	简体字

yīng yǔ yì diǎn tōng
【英语一点通】

　　和"灾"对应的英文有 disaster 和 calamity,它们都表示"灾难、灾祸"等。但是,disaster 一般指"不可预测的意外事件所造成的灾难或不幸",如"自然灾害"即 natural disaster;而 calamity 一般指"巨大而严重的不幸或灾难",多指个人的不幸。

kē pǔ xiǎo zhī shi
【科普小知识】

　　自然灾难是自然界中发生的异常现象,既有地震、火山爆发、泥石流、海啸、台风、洪水等突发性灾难,也有地面沉降、土地沙漠化、干旱、海岸线变化等渐变性灾难,还有臭氧层变化、水体污染、水土流失、酸雨等环境灾难。这些自然灾难和环境破坏之间存在着复杂的联系。所以,保护环境,从我做起,人人都有责任。

土

与空气和水一样，"土"对人类的生存至关重要。因为它能孕育万物，生长庄稼，是一切农耕文明的基础，所以，我们的祖先对土地的崇拜由来已久。在古代，人们在地面上堆起很大的土堆，用于祭献神灵，甲骨文的象形文字"土"就描绘了这种情形：空心的圈代表土堆，下面的一横表示地面。金文中，"土"的空心圈形变为实心，这大概是受到青铜器的铸造方式的影响。到小篆，实心圈又变为"十"字形，表现了文字线条化的趋势。隶书缘此写作"土"。之后，各字体遵循隶书的字形，"土"字再没发生演变。

【"土"字的演变】
tǔ zì de yǎn biàn

甲骨文	金文	小篆	隶书	简体字
Ω	土	土	土	土

 【英语一点通】
yīng yǔ yì diǎn tōng

　　"土"的英文有 dust、earth、soil 等。其中,dust 指"尘土、尘埃"等,earth 指"大地、土地、地球"等,soil 则指"土壤、泥土"等。小朋友还应注意,dust 和 must(必须)很相似。earth 中还包含了一个单词 ear(耳朵),而 soil 中也有一个单词 oil,是"油、石油"的意思。

 【小朋友背诗词】
xiǎo péng you bèi shī cí

山坡羊·潼关怀古
shān pō yáng　tóng guān huái gǔ

〔元〕张 养 浩
yuán　zhāng yǎng hào

　　峰峦如聚,波涛如怒,山河表里潼关路。望西都,意踌躇。伤心秦汉经行处,宫阙万间都做了土。兴,百姓苦;亡,百姓苦。

　　(注释 山坡羊:曲牌名。潼关:古关口名,现属陕西潼关县。山河表里:指潼关外有黄河,内有华山。西都:指长安,也泛指秦汉以来在长安附近所建的都城。踌躇:形容思潮起伏。经行处:经过的地方。宫阙:皇宫建筑。)

田

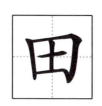

小朋友去野外郊游，应该见过纵横交错的农田，这些田地以田埂分割，成块状分布。因此，看到甲骨文中的象形字"田"，小朋友是不是能猜出它指代的就是农田？上古时代，黄河流域土地肥沃，人们为了耕作方便，将农田进行块状分割，并在中间留出田埂，以利农人穿行。我国周朝时期，国家曾实行一种"井田制"，将农田划为"井"字形进行分工耕种，这也算是甲骨文中"田"字形所蕴含的耕作方式在实际生产中的一个运用。由于"田"的字形简洁生动、明白易懂，所以从创造之初到现在，"田"就一直被沿用，没有发生大的演变。

tián zì de yǎn biàn
【"田"字的演变】

甲骨文　　　金文　　　小篆　　　隶书　　　简体字

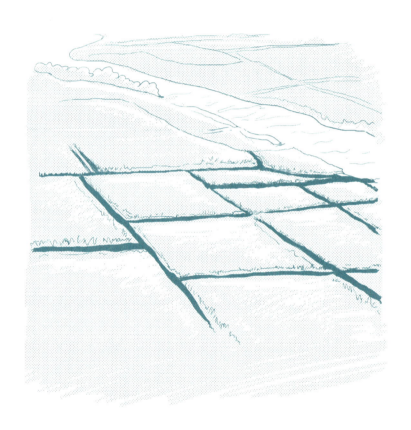

【英语一点通】

"田"的英文是 field，意思是"田、地"。例如，"They are working in the field."翻译过来就是"他们正在地里干活"。另外，"田"也可以说成 farmland，意思是"农田、耕地、牧地"等。单词 farmland 由 farm 和 land 组成，farm 表示"农田、农场"，land 则指"土地、陆地"等。

xiǎo péng you bèi shī cí

【小朋友背诗词】

hàn yuè fǔ · jiāng nán
汉乐府·江南

jiāng nán kě cǎi lián　　lián yè hé tián tián
江 南 可 采 莲 ， 莲 叶 何 田 田 。

yú xì lián yè jiān　　yú xì lián yè dōng　　yú xì lián yè xī
鱼 戏 莲 叶 间 ， 鱼 戏 莲 叶 东 ， 鱼 戏 莲 叶 西 ，

yú xì lián yè nán　　yú xì lián yè běi
鱼 戏 莲 叶 南 ， 鱼 戏 莲 叶 北 。

（**注释** 汉乐府：乐府原是古代掌管音乐的官署，兼采民间歌谣和乐曲。魏晋以后，习惯将汉代乐府机关所搜集演唱的诗歌统称为乐府诗。田田：指荷叶相连、茂盛的样子。戏：嬉戏。）

农

我国有着庞大的农业人口，是一个传统的农业大国，我们的祖先在黄河流域孕育的文化也被称为农耕文明。上古时代，我们的先民就知道刀耕火种，开始了农业生产。于是，在构建汉字系统的过程中，他们也创造了"农"字。"农"的本义是开荒、耕种。在甲骨文中，"农"的上半部分是草木的象形，下面则是手执石镰的样子，喻除草耕田。金文中，"农"字的上半部分在草木之形中多了一个"田"字，喻拓荒为田进行耕作乃为"农"事。到小篆，字形发生大的演变。至隶书，"农"已完全符号化。汉字简化后，字形演变为"农"。

【"农"字的演变】

甲骨文	金文	小篆	隶书	简体字

【英语一点通】

"农"指"农业"时,英文是 agriculture;"农"表示"农事、耕作"时,英文是 farming;"农"指"农民"时,英文则为 peasant。单词 peasant 还包含有 pea(豌豆)和 ant(蚂蚁)两个单词,小朋友可以用句子"蚂蚁吃了农民的豌豆"来联想记忆 ant、peasant 和 pea。

【小朋友背诗词】

悯农

〔唐〕李绅

春种一粒粟,秋收万颗子。

四海无闲田,农夫犹饿死。

(**注释** 悯:怜悯。粟:泛指谷类。子:粮食颗粒。四海:泛指全国各地。闲田:闲置不种的田地。犹:还。)

木

远古时期，我们的先民生活在丛林中，他们以树上的果实为食，以木棒作为狩猎的工具，还用树枝来钻木取火。对古人来说，树木至关重要。所以他们不仅把"木"看作构成万物的基本元素，还造出"木"字来记录与之有关的生活。甲骨文中的"木"就是一个树的象形，有枝有根，简洁明了；到金文，"木"的字形没有多大变化；小篆时，"木"字趋于线条化，但字形还保留着象形的痕迹；之后各字体缘此而来，"木"的象形特点仍能辨别出来。汉字中有许多与树木有关的字都依据"木"字衍生而来，如"林"字指许多树木组成的树林，"森"字则指比一般树林大得多的树林，即森林等。

甲骨文　　　金文　　　小篆　　　隶书　　　简体字

"木"的英文有 tree 和 wood 等。其中：单词 tree 指"树木"，如 a banana tree 即指"香蕉树"；而 wood 指"木头、木料"，其复数形式 woods 则指"树林、森林"，如 be out of the woods 即指"走出森林、摆脱危险"。另外，单词 food（食物）和 wood 字形很像，小朋友要注意辨认。

xiǎo péng you cāi mí yǔ
【小朋友猜谜语】

yǒu gè zì zhuō mí cáng zhuō xià fā dāi kǒu dà zhāng
有个字，捉迷藏，桌下发呆口大张。

hū rán pǎo dào chú guì wài qiāo qiāo duǒ zài yǐ zi páng
忽然跑到橱柜外，悄悄躲在椅子旁。

dǎ yí zì
（打一字）

mí dǐ mù
（谜底：木）

本

"本"字的创造源自"木"字。在甲骨文、金文中,"本"字是在象形的"木"的根部加上三个圆点,突出强调树根的位置所在,以指事的造字方式说明"本"的含义是指树木的根或者树木的茎干。到小篆,"本"字中强调树根位置的三个圆点演变为一个短横,体现了汉字逐渐符号化、线条化的趋势。到隶书,"本"的字形得到确定,之后没再发生演变。但是,"本"的含义却从最初的"根、茎干"之义引申出"根源、根本、基础"等意思,然后又从"根源"引申出"本来、原来"等意思,从"根本"引申出"本钱"的意思,从"基础"引申出"底本、版本"等意思。

běn zì de yǎn biàn
【"本"字的演变】

甲骨文	金文	小篆	隶书	简体字

yīng yǔ yì diǎn tōng
【英语一点通】

"本"表示"根、根本、基础"时,英文是 root,如说"Money is the root of all evil."意思就是"金钱是万恶之源",其中 money 指"金钱",evil 指"邪恶的"。英文中,root 和 foot 字形较接近,foot 是"脚"的意思。另外,小朋友还要记住,foot 的复数形式是 feet。

kě ài de zǔ guó
【可爱的祖国】

běn cǎo gāng mù shì wǒ guó míng cháo lǐ shí zhēn lì shí jìn
《本草纲目》是我国明朝李时珍历时近

nián biān chéng de yí bù yào wù xué jù zhù shū zhōng bù jǐn
30 年编成的一部药物学巨著。书中不仅

kǎo zhèng le guò qù běn cǎo xué zhōng de ruò gān cuò wù tí chū le
考证了过去本草学中的若干错误,提出了

jiào kē xué de yào wù fēn lèi fāng fǎ róng rù le xiān jìn de shēng
较科学的药物分类方法,融入了先进的生

wù jìn huà sī xiǎng hái fǎn yìng le fēng fù de lín chuáng shí jiàn
物进化思想,还反映了丰富的临床实践。

gāi shū bèi yù wéi dōng fāng yào wù jù diǎn tóng shí tā yě shì
该书被誉为"东方药物巨典",同时它也是

yí bù jù yǒu shì jiè xìng yǐng xiǎng de bó wù xué zhù zuò duì rén lèi
一部具有世界性影响的博物学著作,对人类

jìn dài kē xué yǐ jí yī xué chǎn shēng le hěn dà de yǐng xiǎng
近代科学以及医学产生了很大的影响。

末

与"本"字一样，"末"字也是由"木"字衍
生而来。但"末"的最初含义与"本"相对，
指的是树梢。这两个意思相对的字还组成
了一个成语"本末倒置"，即由树根、树梢位
置颠倒引申为弄错事物的轻重和主次。金
文中的"末"是在"木"的上面部分加一条
短横，指明树梢所在的位置。小篆中，这
一条短横被加长，突出强调"末"字的含义
即树梢。之后，各字体缘此而来，没有再发
生字形的变化。但"末"的字义同样得到扩
展，如从最基本的"树梢"之义引申出"尖
端、尽头、最后、末尾"等含义，又从"尖端"
引申出"偏远"的意思，从"尽头、最后、末
尾"引申出"衰败、晚年"等意思。

金文	小篆	隶书	简体字
耑	耑	末	末

yīng yǔ yì diǎn tōng
【英语一点通】

　　"末"的英文是 end。短语 in the end 的意思是"最后、结果",如"In the end their army was beaten."意为"最后他们的军队被打败了"。短语 at the end(of)的意思是"最终、在……的末梢、在……的尽头",如"Please turn right at the end of this road."意为"走到这条路的尽头向右转"。

cí yǔ jù bǎo pén
【词语聚宝盆】

　　qiáng nǔ zhī mò　yǔ chū　shǐ jì　yuán wén shì　qiáng nǔ
　　"强弩之末"语出《史记》,原文是"强弩

zhī mò　shǐ bù néng chuān lǔ gǎo　yì si shì qiáng jìng de gōng
之末,矢不能 穿鲁缟",意思是强劲的弓

nǔ dào le zuì hòu　tā de jiàn tóu lián lǔ dì suǒ chǎn de zuì báo de
弩到了最后,它的箭头连鲁地所产的最薄的

bái juàn yě shè bù chuān　zhè ge chéng yǔ yòng lái bǐ yù qiáng dà
白绢也射不穿。这个成语用来比喻强大

de lì liàng yǐ jīng shuāi ruò　qǐ bù liǎo shén me zuò yòng　yǔ
的力量已经衰弱,起不了什么作用。与

qiáng nǔ zhī mò　jìn yì de cí yǒu　biān cháng mò jí　fǎn yì
"强弩之末"近义的词有"鞭长莫及",反义

de cí yǒu　shì rú pò zhú　shì bù kě dāng
的词有"势如破竹、势不可当"。

束

　　"束"也是一个与"木"字有关的字，它是在甲骨文"木"字的基础上会意、衍生而来。甲骨文"束"字的中间比象形字"木"多了一个圈，而这个"木"和小圈两形会意，就表示"束"，是指用绳索、藤条之类的东西将木柴捆扎、绑缚。金文中，"束"的字形没有太大变化。在此基础上，小篆的"束"字更具线条化的特点。其后，"束"的字形基本保持不变。然而，"束"的字义在文字演变中得到扩展，从最初的"捆扎、绑缚"之义衍生出"约束、束缚"及"整理"等含义；"束"字还从动词演变为量词，如"一束鲜花"等；另外，"束"字也能当作名词来用，指"聚集成一条的东西"，如"光束"等。

【"束"字的演变】

shù zì de yǎn biàn

甲骨文	金文	小篆	隶书	简体字

【英语一点通】

yīng yǔ yì diǎn tōng

"束"表示"捆、绑"时,英文是 bind;表示量词"一束"时,英文是 bundle,如 a bundle of flower(花)意即"一束花"。单词 bind 加上一个字母 l,就会变成 blind,指"失明的、瞎眼的",如 a blind man 的意思就是"盲人"。

【词语聚宝盆】

cí yǔ jù bǎo pén

"束之高阁"意思是把东西捆起来放在高高的架子上。比喻放着不用,也比喻把某事或某种主张、意见、建议等搁置起来,不予理睬和办理。例如:如果把正确的理论空谈一阵,束之高阁,并不实行,那么这种理论再好也没有意义。与"束之高阁"近义的词是"置之不理",反义的词是"爱不释手"等。

叶

和植物的花、果实相比，大部分植物的叶子既不漂亮，也不可以吃。但是，小朋友应该知道，对植物来说，叶子却是最重要的。只有它才能通过光合作用，给植物提供生长必需的养料。因为叶子长在植物的枝条上，所以金文在"叶"字的上部用三个短横来表示枝条上的叶片之形。到小篆，"叶"的字形变得复杂，增加了草字头"艸"，表明叶子本身具有草本的特质。隶书在小篆的基础上有所简化，写作"葉"，也由此完成了它的符号化演变。但汉字简化时，"协"的异体字"叶"被借用，来指称植物的叶子。由此，繁体字"葉"也就为"叶"字所取代。

【"叶"字的演变】

yè zì de yǎn biàn

金文	小篆	隶书	简体字
枼	葉	葉	叶

A 【英语一点通】

yīng yǔ yì diǎn tōng

"叶"的英文是 leaf，它的复数形式是 leaves。在英文中，leaf 不仅可以指"叶子"，还可以指"页"，如"Several leaves had been torn out of the novel."意为"这本小说已被撕掉了几页"。另外，表示"树叶"的 leaf 和表示"耳聋的"英文 deaf 很接近，小朋友要注意区别哟！

【小朋友背诗词】

xiǎo péng you bèi shī cí

同儿辈赋未开海棠

tóng ér bèi fù wèi kāi hǎi táng

〔金〕元好问

jīn yuán hào wèn

枝间新绿一重重，小蕾深藏数点红。

zhī jiān xīn lǜ yì chóng chóng   xiǎo lěi shēn cáng shù diǎn hóng

爱惜芳心莫轻吐，且教桃李闹春风。

ài xī fāng xīn mò qīng tǔ   qiě jiào táo lǐ nào chūn fēng

（**注释** 赋：吟咏。一重重：形容新生的绿叶茂盛繁密。小蕾：指海棠花的花蕾。芳心：原指年轻女子的心。这里一语双关，一指海棠的花蕊，二指儿辈们的心。轻吐：轻易、随便地开放。且教：还是让。闹春风：在春天里争妍斗艳。）

竹

在众多植物中，竹子因为具有质地坚硬、轻便易取的优点，所以在远古时代就同我们的先民结下不解之缘。甲骨文中的"竹"字正是对竹子的象形描绘：古人抓住竹叶下垂的特点，用倒立并相连的"艸"形将"竹"字与"草、林"等字区别开。到金文，倒立并相连的"艸"形被断开，但更具竹竿挺立、竹叶下垂的形象特点。小篆缘此将"竹"字线条化。到隶书，"竹"字完成符号化演变，变得更加工整，但仍能看出一些竹子的影子。简体字"竹"即承袭隶书而来。

在汉字中，"竹"还是个部首字，凡是有"竹"字头的字，如"笔、箭、箫、笛"等，大都与竹有关。

甲骨文	金文	小篆	隶书	简体字
		＾＾	竹	竹

【英语一点通】
yīng yǔ yì diǎn tōng

　　"竹"的英文是 bamboo。与 bamboo 读音相似的还有一个词 taboo,指"禁忌、忌讳、戒律"等。在英文中,含有"oo"的单词还有 book(书)、blood(血)、food(食物)、foot(脚)、room(房间)、zoo(动物园)等,小朋友要注意区别。

【小朋友听故事】
xiǎo péng you tīng gù shi

　　我国清代著名画家郑板桥善于画竹,但他为人孤傲、疾恶如仇。有一次,一个富家公子向他求画"郁竹",他略加沉思,却挥毫画出了一排猪头。更奇怪的是,这些猪头上除了耳朵什么都没有。富家公子不解其意,有人笑道:"'郁竹'二字拆开就是'个个有耳',先生画的这些猪头可是每头都有耳朵呀!"富家公子似懂非懂,自语道:"哦,原来'郁竹'和猪头还有这样的关系啊!"

桑

早在六千多年前，我们的祖先就知道用桑叶来养蚕。采桑、养蚕、纺织在传统中国社会的生产、生活中占有重要地位，而汉字"桑"的创造和演变就反映了蚕桑业与人们生活的紧密关系。甲骨文、金文中，"桑"是一个象形字，字的下面是树的样子，上面的枝杈和小点代表的是桑叶，整个字形描画了桑树枝叶繁茂的景象。到小篆，"桑"字上面代表树叶的部分被表示"手"的"又"所取代，"又"与"木"便会意为许多人采摘的东西，即桑叶。隶书"桑"的字形由小篆而来，变化不大，而这一字形在简体字中也得以保留。

甲骨文	金文	小篆	隶书	简体字

yīng yǔ yì diǎn tōng
【英语一点通】

　　"桑"的英文是 mulberry，意思是"桑树"或"桑葚"。和 mulberry 的音、形相似的还有一个词 strawberry，意思是"草莓"。这两个单词都有一个共同的部分 berry，是"浆果"的意思。在表示"草莓"的单词 strawberry 中，straw 的意思是"稻草、麦秆"。

kě ài de zǔ guó
【可爱的祖国】

　　wǒ guó shì shì jiè shàng zhòng sāng yǎng cán zuì zǎo de guó jiā
我国是世界上 种 桑 养蚕最早的国家，
sāng shù de péi yù yǐ yǒu jìn qī qiān nián de lì shǐ zài shāng
桑树的培育已有近七千年的历史。在 商
dài jiǎ gǔ wén zhōng yǐ chū xiàn sāng cán sī bó děng zì
代，甲骨文 中已出现"桑、蚕、丝、帛"等字
xíng dào le zhōu dài cǎi sāng yǎng cán yǐ shì cháng jiàn nóng
形。到了周代，采桑养蚕已是常见农
huó chūn qiū zhàn guó shí qī sāng shù yǐ chéng piàn zāi zhí wǒ
活。春秋战国时期，桑树已成片栽植。我
guó shì shì jiè shàng sāng shù zhǒng lèi zuì duō de guó jiā
国是世界上 桑树种类最多的国家。

禾

上古时代，我们的祖先主要以小米，也就是谷子为食。谷子一般二月播种，八月成熟，是人们的主要粮食作物。因为谷子在人们的生活中不可缺少，远古的先民在文字中也就有对谷子的记录。根据谷子的形状特征，他们创造了"禾"字。甲骨文和金文中，"禾"就像是一株成熟的谷子，有根有叶，顶部还有一个垂向一边的谷穗。到小篆，"禾"字线条化，只有上部折向一侧的笔画还依稀保留着谷穗的形象。从隶书开始，"禾"字已经完全符号化；简体字保留了小篆的字形，写作"禾"。在汉字中，"禾"还被用作部首，如"季、秧、稼、秀、秋"等字，它们的含义大都与禾或者农作物有关。

| 甲骨文 | 金文 | 小篆 | 隶书 | 简体字 |

yīng yǔ yì diǎn tōng
【英语一点通】

　　"禾"的英文是 standing grain，其中 standing 的意思是"直立的、站着的"，grain 的意思是"谷粒、谷物、谷类"。另外，standing 的动词原形是 stand，即"站立"；而 grain 中还包含着一个词 rain，指"雨、下雨"。小朋友可以这样来记单词：有了"雨"rain，"谷物"grain 才会长得更好。

xiǎo péng you bèi shī cí
【小朋友背诗词】

shāng tián jiā
伤 田 家

táng niè yí zhōng
〔唐〕聂夷中

èr yuè mài xīn sī   wǔ yuè tiào xīn gǔ
二 月 卖 新 丝，五 月 粜 新 谷。

yī dé yǎn qián chuāng   wān què xīn tóu ròu
医 得 眼 前 疮，剜 却 心 头 肉。

wǒ yuàn jūn wáng xīn   huà zuò guāng míng zhú
我 愿 君 王 心，化 作 光 明 烛。

bú zhào qǐ luó yán   zhǐ zhào táo wáng wū
不 照 绮 罗 筵，只 照 逃 亡 屋。

　　（注释　粜：出卖谷物。眼前疮：指眼前的困难。剜却：挖掉。心头肉：喻指赖以生存的劳动果实。绮罗：此指穿绫罗绸缎的人。筵：筵席。逃亡屋：逃亡在外的贫苦农民留下的空屋。）

黍

<ruby>小<rt>xiǎo</rt></ruby> <ruby>朋<rt>péng</rt></ruby> <ruby>友<rt>you</rt></ruby> <ruby>在<rt>zài</rt></ruby> <ruby>妈<rt>mā</rt></ruby> <ruby>妈<rt>ma</rt></ruby> <ruby>做<rt>zuò</rt></ruby> <ruby>小<rt>xiǎo</rt></ruby> <ruby>米<rt>mǐ</rt></ruby> <ruby>粥<rt>zhōu</rt></ruby> <ruby>时<rt>shí</rt></ruby> <ruby>或<rt>huò</rt></ruby> <ruby>许<rt>xǔ</rt></ruby> <ruby>见<rt>jiàn</rt></ruby> <ruby>过<rt>guo</rt></ruby> <ruby>小<rt>xiǎo</rt></ruby> <ruby>米<rt>mǐ</rt></ruby>，但有一种米比小米颗粒略大略圆，呈金黄色，你见过吗？这种米叫作"黄米"，它是黍子去皮后的制成品，既可作为食物，也可以用来酿酒。在上古时代，黍米是只有贵族才可以时常享用的一种粮食作物。

甲骨文中，"黍"字由两部分组成：左边是"水"，表示这种作物可以酿酒；右边是黍禾的象形，有茎有根，顶部还有两个相连的"小"字形符号，表示黍穗分岔斜垂。金文中，"水"的字形被放大，强调了"黍"可以入"水"酿酒的特性。到小篆，"黍"的组字部件的位置发生改变，"水"被放在了下面。隶书的"黍"字缘此而来，字形也趋于稳定，一直到简体字，再未发生大的演变。

shǔ zì de yǎn biàn
【"黍"字的演变】

甲骨文	金文	小篆	隶书	简体字

yīng yǔ yì diǎn tōng
【英语一点通】

"黍"的英文是 millet，表示"稷、粟、黍的籽实"，也就是"小米"或"粟米"等。既然黍米是"黄米"，又可以酿酒，所以用它酿成的酒就叫"黄酒"。"黄酒"译成英语就是 the yellow millet wine，意即"黄色的粟米酒"，其中 yellow 的意思是"黄色的"，而 wine 的意思是"酒"。

kē pǔ xiǎo zhī shi
【科普小知识】

黍类属于禾本科，是一类种子形的饲料作物和谷物。亚洲、非洲早在4000多年前就已有黍类栽培。黍类在俄罗斯、西非和亚洲很多地区是重要的粮食作物，而在美国和西欧主要作为牧草或用来制成干草。黍类有很多种，如珍珠黍、扫帚黍、谷子、指黍等。黍类味浓，主要用来做小面包干或者粥、饭。黍类主要生产国是印度、中国、尼日利亚和俄罗斯等。

米

远古时期，人们主要以谷类作物为食。虽然谷类作物品种繁多，但是它们去皮脱壳后却有一个总称"米"。古人在造"米"字时，抓住了谷类作物都呈颗粒状的特点，只用几个小点就做到了对米的象形描画。甲骨文中，"米"字用一横隔开上下六个小点表示，喻指米粒与谷壳的脱离，说明"米"就是谷物脱壳后的颗粒状东西。到小篆，"米"的中间两点变为一竖，渐渐失去象形特点。其后，各字体缘此写成沿用至今的字形"米"。在"米"字的演变中，其字义得到扩展，也常被用来指称一些颗粒状食物，如"花生米、虾米"等。另外，"米"还被用作部首，一些与米或粮食有关的字，如"糜、糕、粮、粉"等中都有它的身影。

甲骨文　　　小篆　　　隶书　　　简体字

【英语一点通】

和"米"对应的英文有 rice 和 meter。单词 rice 指"稻米、大米",而 meter 则是长度单位"米、公尺"。例如,"10 米跳台"译为 10-meter platform,其中 platform 的意思是"平台"。另外,"大米"的英文 rice 竟然和"老鼠"的英文 mice 很像,难怪歌里都唱老鼠爱大米!

【可爱的祖国】

袁隆平,江西德安人,中国杂交水稻育种专家,"共和国勋章"获得者,中国工程院院士。作为中国杂交水稻研究的开创者,他被誉为"杂交水稻之父""当代神农氏""从田野走向世界的科学家"等。他的杂交水稻已被多个国家和地区所引进,为解决全球温饱问题作出了不可估量的贡献。

麦

"麦"是麦类作物的总称，包括小麦、大麦、莜麦、青稞等，是我国北方重要的农作物。又因为小麦最为普通且播种面积广阔，所以"麦"也成了小麦的专称。在甲骨文中，"麦"字的上半部分是个"大麦"的象形字"来"，下半部分是一个倒画的脚趾，两形会意，表示"麦"是一种紧跟大麦成熟的农作物，也就是小麦。金文沿袭甲骨文字形，没有太大变化。到小篆，"麦"的字形还保留着会意的特点。到隶书，字的下半部分演变为"夕"，于是，繁体字"麥"出现。该字形被各字体沿用，一直到汉字简化时为"麦"所取代。

【"麦"字的演变】
mài zì de yǎn biàn

甲骨文	金文	小篆	隶书	简体字
來	攵	夾	麥	麦

【英语一点通】
yīng yǔ yì diǎn tōng

　　"麦"的英文是 wheat，意即"小麦"。例如，"The farmer grows a lot of wheat."即指"这位农民种了许多小麦"，其中 farmer 指"农民"，grow 则指"种植"。另外，wheat 中还含有 he（他）、eat（吃）和 heat（热）等词，小朋友可以用"他在吃热乎乎的小麦"来记忆 he、eat、heat 和 wheat。

【小朋友背诗词】
xiǎo péng you bèi shī cí

大麦行
dà mài xíng

táng　dù fǔ
〔唐〕杜甫

大麦干枯小麦黄，妇女行泣夫走藏。
dà mài gān kū xiǎo mài huáng　fù nǚ xíng qì fū zǒu cáng

东至集壁西梁洋，问谁腰镰胡与羌。
dōng zhì jí bì xī liáng yáng　wèn shuí yāo lián hú yǔ qiāng

岂无蜀兵三千人，部领辛苦江山长。
qǐ wú shǔ bīng sān qiān rén　bù lǐng xīn kǔ jiāng shān cháng

安得如鸟有羽翅，托身白云还故乡。
ān dé rú niǎo yǒu yǔ chì　tuō shēn bái yún huán gù xiāng

　　（注释　走藏：逃跑躲避。集、壁、梁、洋：为唐代四个州名，以此形容范围之广。腰镰：腰间插着镰刀，指收割。部领辛苦江山长：因道路悠长，官兵疲于奔命，所以不能及时前来救护。安得：如何得以。托身：寄身，安身。）

瓜

当夏季到来,由于气温高,人体丢失的水
分要比其他季节多很多,所以我们必须给自
己及时补充水分。而夏季正是瓜类上市
的旺季,这些瓜类的含水量都在90%以上。
因此,小朋友要多吃一些营养丰富的冬瓜、
西瓜、黄瓜、南瓜、丝瓜、甜瓜等瓜类,这样
才能满足肌体正常新陈代谢的需要。我
们的祖先对瓜果的食用由来已久,很早就造
出了汉字"瓜"。金文中的"瓜"是一个象形
字,画的就是藤蔓上结了瓜果的图形。到
小篆,"瓜"字趋向线条化,但仍有瓜的样
子。从隶书开始,"瓜"字已看不出原来的形
象。在汉字中,以"瓜"为部首的字,如"瓢、
瓣、瓠、瓞"等,它们大都与瓜果有关。

金文　　　小篆　　　隶书　　　简体字

yīng yǔ yì diǎn tōng
【英语一点通】

"瓜"的英文是 melon，指"瓜、甜瓜"。例如，英文"Would you like some melon?"的意思就是"你要吃点瓜吗?"。小朋友，如果"水"的英文单词 water 和"瓜"的英文单词 melon 放在一起，组成一个单词 watermelon，你知道是什么意思吗? 它可不是什么"水瓜"，而是"西瓜"。

cí yǔ jù bǎo pén
【词语聚宝盆】

guā tián lǐ xià shì shuō zài guā tián lǐ lǐ shù xià jí shǐ
"瓜田李下"是说在瓜田里、李树下，即使
bù zhāi guā guǒ yě huì bèi rén huái yí zhè ge chéng yǔ yòng lái
不摘瓜果，也会被人怀疑。这个成语用来
bǐ yù róng yì yǐn qǐ xián yí de chǎng hé yóu cǐ yǎn shēng chū
比喻容易引起嫌疑的场合。由此衍生出
lìng wài yí gè chéng yǔ guā lǐ zhī xián yòng lái bǐ yù chǔ yú
另外一个成语"瓜李之嫌"，用来比喻处于
xián yí de jìng dì lì rú zhǐ yào zì jǐ wèn xīn wú kuì jiù shì
嫌疑的境地。例如:只要自己问心无愧，就是
zài guā tián lǐ xià yě bú huì zhāo zhì guā lǐ zhī xián méi yǒu shén
在瓜田李下，也不会招致瓜李之嫌，没有什
me kě dān xīn de
么可担心的。

稷

作为供古人食用的谷物的一种，"稷"在古代与人们的生活密切相关。它甚至被我们的祖先奉为五谷之长，敬为谷神，与土神"社"一起组成"社稷"一词，成为国家的代称。在甲骨文中，"稷"是一个与"禾"相关的左右结构的会意字，整个字形表示一个人在侍弄禾谷。金文中，"稷"的字形发生很大变化。到小篆，"稷"已演变为意从"禾"、音从"畟"的形声字。隶书承袭小篆，"稷"的字形基本固定下来。因为"稷"是五谷之长，所以我国西周时曾将主管农事的官称为"后稷"。另外，神话传说中，我国上古时期还有一位领导人们进行农业生产的人物，他的名字也叫作"后稷"。

【"稷"字的演变】

jì zì de yǎn biàn

甲骨文	金文	小篆	隶书	简体字
䅘	神	稷	稷	稷

【英语一点通】

yīng yǔ yì diǎn tōng

"稷"的英文是 millet，表示"稷、粟、黍的籽实"，也就是"小米"或"粟米"等。例如，"小米粥"即为 millet congee，其中 congee 意即"粥"。另外，millet 中还含有单词 mill 和 let，mill 指"磨坊"，而 let 的意思则是"让、使"。小朋友可以用"让磨坊来磨粟米"来记 let、mill 和 millet。

【可爱的祖国】

kě ài de zǔ guó

后稷是我国的农耕始祖，他教民稼穑、树艺五谷，对中国古代社会、经济、文化的发展有着深远影响。如今，陕西省杨凌区建有"后稷教稼园"，总面积 12000 平方米，栽种有 50 多种花卉苗木，园内还设有农业科技史展览馆，后稷的雕像也矗立在这里。

葵

"高高个儿一身青，金黄圆脸喜盈盈，天天对着太阳笑，结的果实数不清。"这个谜语的谜底是"向日葵"，小朋友猜出来了吗？向日葵在我们的生活中很常见，可它最初并非我国土生土长的植物，它大约是在明朝时期才被引入我国。但是，汉字中的"葵"出现得很早，它的本义是指古代人们经常食用的一种蔬菜，即葵菜。甲骨文、金文中，"葵"就是葵菜花盘的象形。到小篆，为与表示古代兵器的"癸"字相区别，古人在金文"葵"的字形上增加了"艹"字头，表示"葵"属草木，于是，"葵"演变为形声字。隶书中，"葵"字完全符号化，之后各字体都沿用隶书的字形，没有太大变化。

甲骨文	金文	小篆	隶书	简体字

yīng yǔ yì diǎn tōng
【英语一点通】

　　"向日葵"的英文是 sunflower。sunflower 由两个单词 sun 和 flower 组成，sun 的意思是"太阳"，flower 的意思是"花"，它们合起来就成了"太阳花"，也就是"向日葵"了。另外，"花"的单词 flower 和表示"面粉"的单词 flour 读音一样，小朋友要注意区别哟！

xiǎo péng you bèi shī cí
【小朋友背诗词】

hàn yuè fǔ　　cháng gē xíng
汉乐府·长歌行

qīng qīng yuán zhōng kuí　　zhāo lù dài rì xī
青 青 园 中 葵， 朝 露 待 日 晞。

yáng chūn bù dé zé　　wàn wù shēng guāng huī
阳 春 布 德 泽， 万 物 生 光 辉。

cháng kǒng qiū jié zhì　　kūn huáng huā yè shuāi
常 恐 秋 节 至， 焜 黄 华 叶 衰。

bǎi chuān dōng dào hǎi　　hé shí fù xī guī
百 川 东 到 海， 何 时 复 西 归？

shào zhuàng bù nǔ lì　　lǎo dà tú shāng bēi
少 壮 不 努 力， 老 大 徒 伤 悲。

　　（**注释** 长歌行：汉乐府曲调名。葵：中国古代一种常见的蔬菜。晞：阳光的照耀。阳春：指阳光和露水充足的春天。布：散布，洒满。德泽：恩泽。秋节：指秋季。焜黄：形容草木凋落枯黄的样子。华：同"花"。百川：江河。徒：白白地。）

丝

小朋友，如果你在春天用桑叶养过蚕的话，你一定知道蚕宝宝会吐丝结茧，而这些蚕茧可以拿来抽丝做成各种丝制品。其实，我国就是世界上最早发明丝制品的国家。据说，早在黄帝时期人们就已经学会养蚕织丝了，所以甲骨文中也出现了"丝"字。小朋友，你仔细看看，甲骨文中的"丝"字像不像是两束捆扎起来的蚕丝？金文和小篆中的"丝"字承袭甲骨文而来，字形没有太大变化。到隶书时，"丝"字开始变得抽象。再到汉字简化后，"丝"字就基本看不出它本来的象形痕迹了。另外，你知道吗？在古代，"丝"还可以用来指代琴、瑟、琵琶等弦乐器，这是因为这类乐器的弦是用丝制成的。

116

【"丝"字的演变】

甲骨文	金文	小篆	隶书	简体字
𢇁	𢇁	絲	絲	丝

yīng yǔ yì diǎn tōng
【英语一点通】

"丝"的英文是 silk。英文中还有个单词 milk,意思是牛奶,它的词形和读音与 silk 很接近,小朋友要注意区分。另外,silk 和 milk 分别可以和表示"路"的 road 和 way 进行组合搭配,如 the Silk Road 就是"丝绸之路",the Milky Way 就是"银河"。小朋友知道什么是"丝绸之路"吗?

kě ài de zǔ guó
【可爱的祖国】

sī chóu zhī lù shì zhǐ wǒ guó xī hàn shí yóu zhāng qiān
"丝绸之路"是指我国西汉时,由张骞
chū shǐ xī yù suǒ kāi pì de yǐ cháng ān wéi qǐ diǎn jīng gān
出使西域所开辟的以长安为起点,经甘
sù xīn jiāng dào zhōng yà xī yà bìng lián jiē dì zhōng hǎi
肃、新疆,到中亚、西亚,并连接地中海
gè guó de lù shàng mào yì tōng dào yīn wèi mào yì de huò wù
各国的陆上贸易通道。因为贸易的货物
zhōng yǐ zhōng guó de sī chóu zhì pǐn yǐng xiǎng zuì dà suǒ yǐ
中以中国的丝绸制品影响最大,所以
zhè tiáo tōng dào yě bèi chēng wéi sī chóu zhī lù
这条通道也被称为"丝绸之路"。

麻

早在母系氏族公社时期，我们的祖先就已经掌握了用麻的纤维进行纺织的技术，开始穿上人工织造的布帛类服饰。"麻"字的创造，正是对古人这段生活的真实记录。金文中，"麻"字上面的部分是"厂"，表示山崖或房屋的意思，下面是剥制的麻皮的象形，两形会意，指在屋子里将麻劈开进行剥制。到小篆，"厂"演变为"广"，仍然表示房屋的意思，"麻"字的下半部分依旧是剥制的麻皮的象形。隶书缘此写作"麻"，其后字形未再改变，但是它的字义、词性得到很大扩展，如称纷繁杂乱为"麻乱"，称迅速敏捷为"麻利"，称让人暂时丧失知觉为"麻醉"等。

【"麻"字的演变】

金文	小篆	隶书	简体字
厤	麻	麻	麻

A 【英语一点通】
yīng yǔ yì diǎn tōng

　　"麻"的英文是 hemp，指"大麻、粗麻"。用粗麻做成的"麻绳"在英语中就是 hemp rope。小朋友要注意，hemp 和表示"帮助"的 help 很像，表示"绳子"的 rope 和表示"希望"的 hope 也很像，小朋友千万别把这两对单词搞混了。

【小朋友猜谜语】
xiǎo péng you cāi mí yǔ

xiǎo shí qīng qīng dì lǐ zhǎng　lǎo shí fā huáng shuǐ lǐ pào
小时青青地里长，老时发黄水里泡，

bō xià bái pí zuò yuán liào　dǎ shéng zuò xié shǎo bù liǎo
剥下白皮做原料，打绳做鞋少不了。

dǎ yì zhí wù
（打一植物）

mí dǐ má
（谜底：麻）

<big>刍</big>

chú de zuì chū hán yì wéi gē cǎo jiǎ gǔ wén zhōng
"刍"的最初含义为"割草"。甲骨文中，

chú zì bāo kuò duàn wéi liǎng jié de cǎo jí shǒu de xiàng xíng liǎng
"刍"字包括断为两截的草及手的象形两

zhǒng tú xíng liǎng xíng huì yì biǎo shì yòng shǒu gē cǎo jīn wén
种图形，两形会意，表示用手割草。金文

de zì xíng méi yǒu tài dà biàn huà dàn dào xiǎo zhuàn chú de zì
的字形没有太大变化，但到小篆，"刍"的字

xíng biàn de fù zá yuán lái de shǒu xíng bèi gē liè chéng le shàng
形变得复杂，原来的手形被割裂，成了上

xià liǎng gè bāo róng de fú hào lì shū yuán cǐ duì zì xíng jìn xíng
下两个包容的符号。隶书缘此对字形进行

měi huà xiě zuò chú gāi zì xíng zhí dào hàn zì jiǎn huà shí cái
美化，写作"䅆"，该字形直到汉字简化时，才

yǎn biàn wéi chú yīn wèi chú zì yǔ cǎo yǒu guān suǒ yǐ hòu
演变为"刍"。因为"刍"字与草有关，所以后

lái yǎn shēng chū qiǎn lòu bǐ sú de hán yì yīn cǐ tā yě
来衍生出"浅陋、鄙俗"的含义，因此，它也

cháng bèi yòng lái zǔ chéng biǎo shì zì qiān de cí rú chú yì chú
常被用来组成表示自谦的词，如"刍议、刍

yǔ chú yán chú lùn jí zhǐ zì jǐ bù chéng shú huò qiǎn lòu de yán
语、刍言、刍论"即指自己不成熟或浅陋的言

tán yì lùn
谈议论。

【"刍"字的演变】

甲骨文	金文	小篆	隶书	简体字

yīng yǔ yì diǎn tōng

【英语一点通】

　　"刍"当作喂牲畜的草，即"草料、饲料"讲时，英文是 fodder。例如，a fodder for horses 即为"一种喂马的草料"。另外，英文中还有一个词 hay，意思是"干草"，也是用来喂牲畜的饲料。表示"干草"的 hay 可以和表示"付钱"的 pay 联系着来记忆，可以说：付钱买干草。

kē pǔ xiǎo zhī shi

【科普小知识】

　　fǎn chú　shì zhǐ fǎn chú dòng wù zài jìn shí yí duàn shí jiān yǐ
"反刍"是指反刍动物在进食一段时间以
hòu　jiāng bàn xiāo huà de shí wù chóng xīn fǎn huí zuǐ lǐ zài cì jǔ
后，将半消化的食物重新返回嘴里再次咀
jué de xiàn xiàng　jìn xíng fǎn chú de dòng wù yǒu niú　yáng　lù
嚼的现象。进行反刍的动物有牛、羊、鹿
děng　tā men cǎi shí yì bān bǐ jiào cōng máng　tè bié shì duì cū
等，它们采食一般比较匆忙，特别是对粗
sì liào　zhè xiē sì liào dà bù fen wèi jīng chōng fèn jǔ jué jiù bèi
饲料。这些饲料大部分未经充分咀嚼就被
tūn yàn jìn rù liú wèi　jīng guò liú wèi jìn pào hé ruǎn huà yí duàn
吞咽进入瘤胃，经过瘤胃浸泡和软化一段
shí jiān hòu　zài jīng nì ǒu chóng xīn huí dào kǒu qiāng　bèi zài cì
时间后，再经逆呕重新回到口腔，被再次
jǔ jué　zhè zhǒng fǎn chú hé jǔ jué guò chéng kě yǐ chóng fù jìn
咀嚼。这种反刍和咀嚼过程可以重复进
xíng　zhí zhì dòng wù jiāng sì liào chè dǐ jiáo suì
行，直至动物将饲料彻底嚼碎。

苗

　　正像这首儿歌《小幼苗》唱的"阳光中宝宝你像幼苗、如嫩苗,难让你在风里摇、雨中飘"一样,小朋友不仅是爸爸、妈妈的好宝宝,还是我们祖国的小幼苗,将来一定会长成国家的栋梁。我们现在来看看"苗"字,金文中,它是由小草和"田"两个图形会意而成,表示田地里长出的植物幼苗。所以,"苗"的本义就是指初生的、还未开花吐穗的幼小的庄稼,如禾苗、豆苗、麦苗等。后来,又由"幼小"之义引申为初生的动物,如鱼苗、猪苗等;还从"初生"之义引申出"事物的开端"等义,如苗头等。

　　"苗"的字形在小篆时还能看出"艸"字头的象形的痕迹,但隶书之后,"苗"字就完全符号化了。

金文　　　　小篆　　　　隶书　　　　简体字

A4

　　"苗"的英文是 seedling，表示"刚出芽的幼苗"，可以指"秧苗"或"树苗"等。英文中还有一个词 sapling，专指"幼树"或"树苗"。另外，在 seedling 中，seed 的意思是"种子"；在 sapling 中，sap 的意思则是"树液、体液"，而 ling 的意思却是"鳕鱼"。

cí yǔ jù bǎo pén
【词语聚宝盆】

　　　　bá miáo zhù zhǎng　　de gù shi chū zì　mèng zǐ　　gōng sūn
　　"拔苗助长"的故事出自《孟子·公孙
chǒu shàng　　　　shì shuō gǔ shí hou yǒu gè sòng guó rén　xián zì jǐ
丑上》，是说古时候有个宋国人，嫌自己
de zhuāng jia zhǎng de màn　jiù jiāng hé miáo yì kē kē bá gāo
的庄稼长得慢，就将禾苗一棵棵拔高，
shì tú bāng zhù zhuāng jia zhǎng gāo　jié guǒ hé miáo quán dōu sǐ
试图帮助庄稼长高，结果禾苗全都死
diào le　　zhè ge chéng yǔ bǐ yù wéi fǎn shì wù fā zhǎn de kè guān
掉了。这个成语比喻违反事物发展的客观
guī lǜ　jí yú qiú chéng　fǎn ér huài shì　lì rú　nà zhǒng bú
规律，急于求成，反而坏事。例如：那种不
gù xué shēng néng fǒu jiē shòu de tián yā shì jiào xué fāng fǎ　wú yì
顾学生能否接受的填鸭式教学方法，无异
yú bá miáo zhù zhǎng
于拔苗助长。

草

在我们的自然界中，植物一般分为草本和木本两大类。而"草"字的最初本义并不是用来指草本植物，而是专指木本的栎树的果实。那么"草"字是怎么演变来的呢？原来，在甲骨文中，"草"字写成"屮"或"艸"，是对野草的象形描绘。到金文时，"草"字的字形并没出现大的变化。但是，后来人们为了书写美观，也为了更好辨认，在小篆中就借用了指称栎树的果实的"草"字来代替指称草木的"艸"，于是，"草"字就成了现在专门用来表示茎秆不是木的草本植物的总称。而"草"字的最初字形"艸"则演化为汉字的一个部首"艹"，包含它的字一般都属于草本植物或与其有关，如"芹、茄、茎、菜、花"等。

【"草"字的演变】

甲骨文	金文	小篆	隶书	简体字
屮屮	艸	艸	草	草

【英语一点通】

yīng yǔ yì diǎn tōng

　　"草"的英文是 grass。例如,小朋友经常见到的牌子"勿踏草地",英文就是"Keep off the grass!"。另外,英文中还有几个词,如 brass,指"黄铜、铜管乐器";glass,指"玻璃、玻璃杯";class,指"班级、等级"等。它们的字形、读音都很相似,小朋友要注意区别哟!

【小朋友背诗词】

xiǎo péng you bèi shī cí

赋得古原草送别

fù dé gǔ yuán cǎo sòng bié

〔唐〕白居易

táng bái jū yì

离离原上草,一岁一枯荣。

lí lí yuán shàng cǎo　yí suì yì kū róng

野火烧不尽,春风吹又生。

yě huǒ shāo bú jìn　chūn fēng chuī yòu shēng

远芳侵古道,晴翠接荒城。

yuǎn fāng qīn gǔ dào　qíng cuì jiē huāng chéng

又送王孙去,萋萋满别情。

yòu sòng wáng sūn qù　qī qī mǎn bié qíng

　　(**注释**　赋得:借古人诗句或成语命题作诗,诗题前一般都冠以"赋得"二字。离离:形容野草茂盛的样子。枯:枯萎。荣:繁荣茂盛。远芳:草香远播。侵:侵占、覆盖。晴翠:草原明丽翠绿。荒城:荒凉、破损的城镇。王孙:本指贵族子孙、公子,这里指作者的朋友。萋萋:野草连绵、茂密的样子。)

豆

小朋友都知道，作为蔬菜，大豆、豌豆、蚕豆、青豆等豆类既好吃又有营养，但是你听说过有一种豆不能吃吗？它就是"豆"字最初所代表的东西。原来，豆的本义是指一种盛放食物的器皿，形状就像高脚盘。甲骨文中的"豆"字，画的就是一只高脚盘的样子，上面的一横表示这个器皿里装有东西。金文中的"豆"字上面多出了一横，说明那时盛放食物的器皿有些已经配备了盖子。到小篆，为了简便，"豆"字中间表示食物的短横被去掉。隶书缘此写作"豆"。之后，"豆"字的写法基本就保持了这个样子。但是，从我国汉代开始，"豆"字已不再表示器物，而是专门用来指豆类植物了。

甲骨文	金文	小篆	隶书	简体字

yīng yǔ yì diǎn tōng
【英语一点通】

　　"豆"的英文是 bean。英文中，bean 和 pea 都指"豆子"，但 bean 是豆类的总称，而 pea 专指豌豆。另外，bean curd 指"豆腐"，其中 curd 意即"凝乳"。而 pea 和 cock（公鸡）组成 peacock，则表示"孔雀"。想一想，孔雀的羽毛上是不是有许多像眼睛一样的"豆"点呢？

xiǎo péng you bèi shī cí
【小朋友背诗词】

guī yuán tián jū　qí sān
归 园 田 居（其三）

jìn　táo yuān míng
〔晋〕陶 渊 明

zhòng dòu nán shān xià　cǎo shèng dòu miáo xī
种 豆 南 山 下，草 盛 豆 苗 稀。

chén xīng lǐ huāng huì　dài yuè hè chú guī
晨 兴 理 荒 秽，带 月 荷 锄 归。

dào xiá cǎo mù zhǎng　xī lù zhān wǒ yī
道 狭 草 木 长，夕 露 沾 我 衣。

yī zhān bù zú xī　dàn shǐ yuàn wú wéi
衣 沾 不 足 惜，但 使 愿 无 违。

　　（**注释**　南山：指庐山。兴：起床。荒秽：形容词作名词，指豆苗里的杂草。荷锄：扛着锄头。狭：狭窄。草木长：草木丛生。沾：沾湿。足：值得。但：只。愿：指向往田园生活的意愿。违：违背。）

囿

“囿”字最初的含义是指种植果木瓜菜的园地。在甲骨文中，“囿”为上下结构，上边的部分是两棵秧苗的象形，下边是一块田地，两形会意，表示“囿”这个园地是用来栽种果木瓜菜的。到金文，“囿”的字形有所简化，但又多了一个表示围墙的框，反映了园田开始成为私有财产，人们已筑起围栏对其进行划分并保护的社会变化。到小篆，“囿”演化为义从“囗”、声从“甫”的形声字。隶书沿袭小篆的写法，字形更为成熟、美观。和“囿”组成的词语有不同含义，如“花圃”指种植花草的园地，“园圃”指栽种果蔬花木的场所，“苗圃”指培育花木或农作物幼苗的园地等。

【"圃"字的演变】

pǔ zì de yǎn biàn

甲骨文	金文	小篆	隶书	简体字

【英语一点通】

"圃"的英文是 garden，表示"宅旁园圃、花园、果园、菜园"等。英文中还有一个词 orchard 也表示"圃"，一般用于指"围起来的果园"。在 orchard 中还含有两个单词：一个是 or，表示"或者"；另一个是 chard，意思是"甜菜"。小朋友可以用句子"或者在果园里种甜菜"来联想记忆 or、orchard 和 chard 这三个单词。

xiǎo péng you bèi shī cí
【小朋友背诗词】

guò gù rén zhuāng
过故人庄

táng   mèng hào rán
〔唐〕 孟 浩 然

gù rén jù jī shǔ   yāo wǒ zhì tián jiā
故 人 具 鸡 黍，邀 我 至 田 家。

lù shù cūn biān hé   qīng shān guō wài xié
绿 树 村 边 合，青 山 郭 外 斜。

kāi xuān miàn chǎng pǔ   bǎ jiǔ huà sāng má
开 轩 面 场 圃，把 酒 话 桑 麻。

dài dào chóng yáng rì   huán lái jiù jú huā
待 到 重 阳 日，还 来 就 菊 花。

（**注释** 过:拜访,探望。具:准备。合:环绕。轩:有窗户的长廊或小屋。场圃:指打谷场和菜园。桑麻:泛指庄稼。就:欣赏。）

囿

与"圃"的字形、字义接近,"囿"字是指古代帝王蓄养禽兽的用围墙圈起来的园林。"囿"的造字方式和"圃"一样,也是经历了一个由象形到形声的演变。甲骨文中的"囿"是一个象形字,描绘的是一个框起来的园地,里面种有花草、树木,表明"囿"的本义即指园林。到金文,"囿"字已演变为义从"囗"、声从"有"的形声字;但从"有"的金文字形所会意的含义,即"用手持肉"来看,"囿"似也可以看作会意字,即表示"囿"是指帝王蓄养、猎取禽兽的园林。之后,"囿"的字体、字义都有变化,但都是在金文的基础上衍生的。隶书中,字形被固定为"囿",并沿用至今。

131

甲骨文　　　金文　　　小篆　　　隶书　　　简体字

yīng yǔ yì diǎn tōng
【英语一点通】

　　因为"囿"是指古代帝王狩猎、游乐的园林,所以在英文中它对应的单词是 menagerie,指"野生动物园"。而英文中要表示一般的动物园,即把动物圈养以供公众观看的场所时,则用单词 zoo。

kě ài de zǔ guó
【可爱的祖国】

běi hǎi gōng yuán wèi yú běi jīng de zhōng xīn dì qū　shì shì jiè
北海公园位于北京的中心地区,是世界
xiàn cún jiàn yuán zuì zǎo de huáng jiā yuàn yòu　yóu liáo dài chū
现存建园最早的皇家苑囿。由辽代初
jiàn　lì jīng jīn　yuán　míng　qīng de zhú bù wán shàn　xíng chéng
建,历经金、元、明、清的逐步完善,形成
jīn tiān de gé jú　běi hǎi gōng yuán jì yǒu huáng jiā yuán lín de
今天的格局。北海公园既有皇家园林的
fù lì táng huáng　yòu yǒu jiāng nán sī jiā yuán lín de gǔ pǔ zì rán
富丽堂皇,又有江南私家园林的古朴自然
yǐ jí sì miào yuán lín de zhuāng yán sù mù　kān chēng wǒ guó gǔ
以及寺庙园林的庄严肃穆,堪称我国古
diǎn yuán lín de jīng pǐn　yě shì rén lèi zuì zhēn guì de wén huà yí
典园林的精品,也是人类最珍贵的文化遗
chǎn zhī yī
产之一。

龙

"龙"是中华民族的象征，也是我们中国人心目中最为神圣的动物神。但是，龙并非是世界上真实存在的动物，它只是我们的古人凭想象虚构出来的一种动物。因此，龙的身上集中了九种动物的特点，比如它有鹿角、骆驼头、鱼鳞、鹰爪、虎掌、牛耳、蛇的脖子等。在甲骨文中，"龙"字体现出了蟒蛇的一些形象：蛇的芯、毒牙以及弯曲的蛇身。金文中，"龙"字仍然保留着嘴巴大张、身体蜷曲的蛇形。发展到小篆，"龙"字笔画变得复杂，但字形又有雄浑的气势、和谐的美感。后来，为了书写方便，"龙"字简化并演变成现在的字形。在封建社会，"龙"是帝王的象征。

甲骨文	金文	小篆	隶书	简体字

【英语一点通】
yīng yǔ yì diǎn tōng

"龙"的英文是 dragon。小朋友,"端午节"在我国有些地方也叫龙舟节。在英文中,"端午节"就是 Dragon Boat Festival,直译就是"龙舟节"。在 Dragon Boat Festival 中,boat 是"小船"的意思,festival 是"节日"的意思,比如"春节"就是 Spring Festival。

【小朋友背诗词】
xiǎo péng you bèi shī cí

咏 龙 诗
yǒng lóng shī

〔金〕完 颜 亮
jīn wán yán liàng

蛟 龙 潜 匿 隐 苍 波,且 与 虾 蟆 作 混 和。
jiāo lóng qián nì yǐn cāng bō qiě yǔ há ma zuò hùn hé

等 待 一 朝 头 角 就,撼 摇 霹 雳 震 山 河。
děng dài yì zhāo tóu jiǎo jiù hàn yáo pī lì zhèn shān hé

(**注释** 蛟龙:指传说中能发水的一种龙,此处借指废帝完颜亮。潜匿:悄悄地隐藏。苍波:深水,喻指市井。虾蟆:喻指市井之人。头角就:喻指出头之日。霹雳:形容壮大的声威。)

凤

和"龙"一样,"凤"也不是真实存在的鸟,它只是人们想象中的一种神鸟。古人认为,"凤"代表着平安吉祥,它是百鸟之长,身覆五色羽毛,蛇颈鱼尾、龙纹龟背、燕颌鸡喙,具有数种飞禽以及动物的特征。事实上,"凤"的形象源自孔雀,在历史的演进中,孔雀由最初的部族图腾衍化为后世华夏民族的灵物崇拜。在甲骨文中,我们就可以看到,"凤"字其实是一只头长冠毛、身拖尾羽、羽有"睛目"的孔雀的象形。到金文,"凤"字沿袭甲骨文,"睛目"图纹更为明晰。但到小篆,"凤"字已渐离图画,而趋向线条化。汉字简化时,为了书写简洁,字形就演变、固定为"凤"。

fèng zì de yǎn biàn
【"凤"字的演变】

甲骨文	金文	小篆	隶书	简体字

A₄ yīng yǔ yì diǎn tōng
【英语一点通】

　　"凤"的英文是 phoenix，意思是"凤凰"或者"长生鸟"。英文中有个 phoenix 组成的词 phoenix tree，其中 tree 即"树木"，而 phoenix tree 直译就是"凤凰树"，也就是"梧桐树"的意思。因为在我们的传说中，凤凰可是非梧桐而不栖哟！

kě ài de zǔ guó
【可爱的祖国】

　　1921年，郭沫若出版诗集《女神》，成为中国现代新诗的奠基之作。《凤凰涅槃》是《女神》中的代表作，是一首"五四"时代精神的颂歌。诗人用凤凰比喻祖国，借助对凤凰传说的改造与新阐述，诗人郑重宣告中华民族在"死灰中更生"的新时代已经到来。

燕

"小燕子，穿花衣，年年春天来这里。"
小朋友喜欢这首儿歌，也喜欢歌中唱的
小燕子吧？小燕子守时，春天的时候就会飞
回北方；小燕子勤劳，衔泥筑巢又捉害虫。
远古的先民们了解燕子的优点，也特别喜欢
燕子，他们抓住了燕子尾似剪刀、身躯轻盈
的特点，只用简单几笔就勾勒出燕子的形
象，创造了甲骨文中的"燕"字。金文中，
"燕"字仍栩栩如生，像燕子展翅飞翔，又
像它口衔柳枝。到小篆，"燕"字不再具有
象形特点，但燕子剪刀似的尾巴还依稀可
辨。发展到隶书，燕子的剪尾就被四点所代
替，整个字形也符号化，完全脱离燕子的形
象。之后的字体都依据隶书而来，写成了
现在的"燕"字。

【"燕"字的演变】

甲骨文	金文	小篆	隶书	简体字

139

【英语一点通】
yīng yǔ yì diǎn tōng

　　"燕"的英文是swallow。在英文中,swallow有不同用法:作名词时指"燕子",如swallow coat即为"燕尾服";作动词时指"吞、咽",短语swallow up即指"吞下去"。汉语中,"燕"和"咽"读音相同,但词性、字义相去甚远,然而它们却有一个共同的英文swallow,这是不是很有趣啊?

【小朋友背诗词】
xiǎo péng you bèi shī cí

乌衣巷
wū yī xiàng

〔唐〕刘禹锡
táng liú yǔ xī

朱雀桥边野草花,乌衣巷口夕阳斜。
zhū què qiáo biān yě cǎo huā　wū yī xiàng kǒu xī yáng xié

旧时王谢堂前燕,飞入寻常百姓家。
jiù shí wáng xiè táng qián yàn　fēi rù xún cháng bǎi xìng jiā

(注释　乌衣巷:在今南京市东南,文德桥南岸,三国东吴时的禁军驻地。朱雀桥:六朝时金陵正南朱雀门外横跨秦淮河的大桥,在今南京市秦淮区。旧时:指晋代。王谢:指东晋时贵族王导、谢安。寻常:平常。)

鸟

　　鸟类在远古先民的生活中占有重要地位，殷商的直系祖先就是被称为"鸟夷"的族人。他们猎鸟为生，并以鸟作为自己氏族的图腾。这种生活以及习俗反映在文化上，就是"鸟"字及众多以"鸟"为偏旁的文字的创造。甲骨文中，"鸟"字是一个小鸟的象形，头、尾、羽、足一应俱全，栩栩如生。金文沿袭了甲骨文的象形特点，没有多大改变。从小篆开始，"鸟"字走向线条化、符号化。到隶书，笔画更为简洁，整个字形已经完全脱离对鸟的象形描画。在汉字中，凡由"鸟"构成的字，基本都和鸟的含义或行为有关，如"鸽"表示鸟的一个种类，而"鸣"则指鸟的鸣叫。

niǎo zì de yǎn biàn
"鸟"字的演变

甲骨文	金文	小篆	隶书	简体字

yīng yǔ yì diǎn tōng
【英语一点通】

"鸟"的英文是 bird。例如,"Birds of a feather flock together."直译就是"同一种羽毛的鸟总是往一块飞",其寓意即为汉语中的成语"物以类聚"或"一丘之貉"。

kē pǔ xiǎo zhī shi
【科普小知识】

pǎo de zuì kuài de niǎo shì tuó niǎo píng jūn shí sù néng dá
跑得最快的鸟是鸵鸟,平均时速能达 70

gōng lǐ yǔ máo zuì duō de niǎo shì tiān é yǔ máo chāo guò
公里;羽毛最多的鸟是天鹅,羽毛超过 25000

gēn yǔ máo zuì shǎo de niǎo shì fēng niǎo yǔ máo hái bù zú
根;羽毛最少的鸟是蜂鸟,羽毛还不足 1000

gēn xué huà zuì duō de niǎo shì fēi zhōu huī yīng wǔ néng xué huì
根;学话最多的鸟是非洲灰鹦鹉,能学会 800

duō gè dān cí chǎn luǎn zuì shǎo de niǎo shì xìn tiān wēng cí niǎo
多个单词;产卵最少的鸟是信天翁,雌鸟

měi nián zhǐ néng chǎn luǎn méi ér chǎn luǎn zuì duō de niǎo shì huī
每年只能产卵 1 枚;而产卵最多的鸟是灰

shān chún cí niǎo měi wō néng chǎn luǎn dào méi
山鹑,雌鸟每窝能产卵 15 到 19 枚。

雀

在我们的居民点或田野附近，小朋友见到的最多的鸟类应该是麻雀。麻雀个头短小、不耐远飞，但生性活泼、喜欢群居。会意字"雀"就集中表现了麻雀的这些习性。甲骨文中，"雀"即指麻雀，它是由一个鸟形上加三点构成：三点表示"小"，也有"众多"的含义，整个字形会意为麻雀个头短小、喜欢群居。金文时，"雀"字趋向线条化，三个小点已粗具"小"的字形。到小篆，"雀"字完全符号化，由"小"和"隹"（意即小鸟）组成。隶书缘此而来，写作"雀"。之后，"雀"的字形得以确定，并沿用至今。

【"雀"字的演变】

甲骨文	金文	小篆	隶书	简体字

yīng yǔ yì diǎn tōng

【英语一点通】

　　"雀"的英文是 sparrow,意即"麻雀"。另外,sparrow 还指"个子小的人"。单词 sparrow 中还包含着两个单词 arrow 和 row,其中 arrow 指"箭、箭头",row 指"一排、一行"。小朋友可以用一句话"用箭射了一排麻雀"来记住 arrow、row 和 sparrow 这几个单词。

xiǎo péng you bèi shī cí

【小朋友背诗词】

chì bì
赤壁

táng dù mù
〔唐〕杜牧

zhé jǐ chén shā tiě wèi xiāo　　zì jiāng mó xǐ rèn qián cháo
折戟沉沙铁未销,自将磨洗认前朝。

dōng fēng bù yǔ zhōu láng biàn　　tóng què chūn shēn suǒ èr qiáo
东风不与周郎便,铜雀春深锁二乔。

（**注释**　折戟沉沙:断戟沉没在泥沙里。销:销蚀。自:自己。磨洗:磨光洗净。前朝:指上一个朝代。不与:〔若〕不给。周郎:指周瑜。便:方便。铜雀:借指曹操所建造的铜雀台。二乔:指大乔、小乔。）

兽

"兽"字在现代汉语中一般指野兽,但在古文字中,它还有"狩猎"的含义,这可以从该字的最初形态看出来。在甲骨文中,"兽"字由左右两部分组成:左边的是一个树杈的形象,它上面的小圈表示树杈的尖端,下面的短横表示使用猎网时位置的移动,字的右半边则是一只狗的图案。该字真实地反映了古代先民的狩猎活动:猎犬先行追捕牵制猎物,猎人手持树杈、猎网等工具随后迅速赶到。由此看来,"兽"字的本来含义就是"狩猎",同时它也兼有表示狩猎的对象,即野兽的含义。在后来的演变中,"兽"字除渐趋符号化外,基本没有太大变化。文字简化时,"獸"的左半边被分出来表示"野兽",而其本义"狩猎"则用"狩"替代。

shòu zì de yǎn biàn
【"兽"字的演变】

甲骨文	金文	小篆	隶书	简体字

yīng yǔ yì diǎn tōng
【英语一点通】

"兽"的英文有两种说法：animal 和 beast。其中 animal 是动物的总称，以区别于 plant（植物）。另外，animal 也可以表示除人类以外的"动物"，以区别于人，如 wild animals 即指"野生动物"。而 beast 主要指野兽，指人时含贬义，如"He's a beast."就是说"他是个恶棍"。

kě ài de zǔ guó
【可爱的祖国】

古时候，人们将天上的星座分为二十八宿，由于不好记忆，便将其按东西南北四个方位分作四组，每组七宿，分别与四种颜色、四种动物的形象相匹配，称为四象或四神，具体对应关系为：东方青龙为青色，西方白虎为白色，南方朱雀为红色，北方玄武为黑色。其中朱雀也可称为玄鸟，而玄武则是指由龟和蛇组合而成的一种灵物。

虎

小朋友们唱的儿歌《两只老虎》中的小老虎很可爱，但是真正的老虎却很凶猛，也很令人害怕。在甲骨文中，"虎"字就描画出了老虎威猛的形象：它虎头朝上、虎口大张、身披斑纹、尾巴上翘，整个"虎"字就像是一个虎啸山林的侧身剪影，让人见字如见猛虎，不禁心生怯意。金文中的"虎"字笔画减掉许多，但仍然留有老虎的形象。到小篆，"虎"字渐失甲骨文、金文的象形特点，趋于文字的符号化，但"虎"字的线条更加匀称、美观。之后，隶书等字体都在小篆"虎"字的基础上演变而来，最后完全符号化，就不再能让人有对老虎威猛形象的联想。现在，小朋友如果想看看凶猛的老虎，就要去动物园了。

147

hǔ zì de yǎn biàn

【“虎”字的演变】

甲骨文
金文
小篆
隶书
简体字
虎
虎

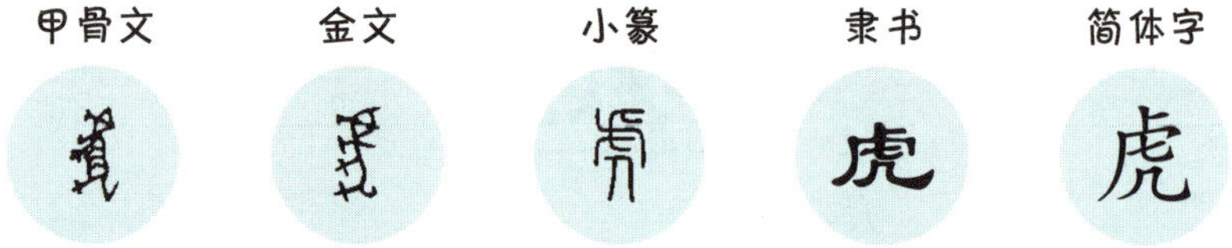

yīng yǔ yì diǎn tōng

【英语一点通】

“虎”的英文是 tiger。在英文中，tiger 可以和表示“猫”的单词 cat 组成一个新的词组 tiger cat，意思是“山猫”。另外，“纸老虎”的英文即 paper tiger，用来比喻外表强大、实际虚弱的人，其中 paper 指“纸张”。而汉语“生龙活虎地工作”用英文讲则是 work like a tiger。

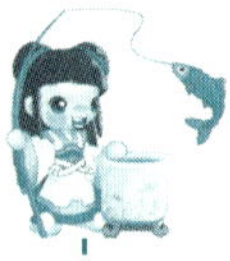

cí yǔ jù bǎo pén

【词语聚宝盆】

sān rén chéng hǔ zhè ge chéng yǔ chū zì zhàn guó cè
“三人成虎”这个成语，出自《战国策·
wèi cè èr yuán yì zhǐ sān gè rén huǎng bào jí shì lǐ yǒu lǎo
魏策二》，原意指三个人谎报集市里有老
hǔ tīng zhě jiù xìn yǐ wéi zhēn bǐ yù yáo yán jīng duō rén chóng
虎，听者就信以为真。比喻谣言经多人重
fù shù shuō jiù néng shǐ rén xìn yǐ wéi zhēn lì rú yáo yán de
复述说，就能使人信以为真。例如：谣言的
kě pà zhī chù jiù zài yú sān rén chéng hǔ shuō de rén yì duō
可怕之处就在于“三人成虎”，说的人一多，
jiù huì shǐ nǐ gǎo bù qīng zhēn jiǎ le yǔ sān rén chéng hǔ jìn
就会使你搞不清真假了。与“三人成虎”近
yì de cí yǒu zhòng kǒu shuò jīn dào tīng tú shuō děng fǎn yì
义的词有“众口铄金、道听途说”等，反义
de cí yǒu yǎn jiàn wéi shí děng
的词有“眼见为实”等。

象

远古时期，黄河流域丛林密布、百兽聚集，其中也有大象四处活动，我们的先民根据大象的样子造出了"象"字。甲骨文中，"象"字描画的就是大象的侧面图形，粗长的鼻子、宽厚的身躯，体现了大象的典型特征。金文中，"象"字仍保留着一些象形的特点，大象粗长的鼻子仍可分辨。但是，小篆的"象"字已趋向文字符号，基本看不出大象的样子了。之后，"象"的各种字体就是从小篆的字形直接演变而来。我国远古时的北方仍有大象活动，然而，随着人们对大自然的开发与破坏，象群不得不一步步向南方迁徙。到汉代时，大象就已经到了云南一带。现在，我国已经将大象列为国家级保护动物。

【"象"字的演变】
xiàng zì de yǎn biàn

甲骨文	金文	小篆	隶书	简体字

【英语一点通】
yīng yǔ yì diǎn tōng

"象"的英文是 elephant。在英文中，white elephant 指"白象"，但这个词组通常用来表示"昂贵而又无用之物"，其中 white 的意思是"白色的"。另外，white 与"羽毛"feather 搭配，即 white feather，它的意思是"胆怯"。如 show the white feather 就是"畏缩不前、示弱"的意思。

【科普小知识】
kē pǔ xiǎo zhī shi

大象是现存世界上最大的陆栖动物，分亚洲象和非洲象两种。亚洲象主要分布于印度、泰国、柬埔寨、越南等国，我国云南省西双版纳地区也有小的野生种群；非洲象则广泛分布于整个非洲大陆。大象有着柔韧而发达的长鼻和巨大的扇形耳朵，它们喜欢群居。其长鼻具有缠卷功能，是自卫和取食的有力工具。

鹿

鹿是一种善于奔跑、性格温顺的可爱动物，雄性的鹿的头上长有树枝状的角，不仅美丽而且可以用来入药。甲骨文中的"鹿"字，就描画了鹿的这一典型特征，突出表现了它的枝杈状的双角。在金文中，"鹿"字是一个鹿的头部的正面图形，也突出了它的双角；另外，它还沿袭甲骨文，描画出了鹿长着悬趾的两条腿。到小篆，"鹿"字有了很大变化，更趋线条化。而发展到隶书，"鹿"字已完全失去了鹿的形象，完全演变为一种文字符号。鹿一般生活在山地、草原或森林，它们种类繁多、形态各异，其中大部分种类较常见，有少数种类为濒危物种，如梅花鹿就是国家一级保护野生动物。

【"鹿"字的演变】

lù zì de yǎn biàn

甲骨文	金文	小篆	隶书	简体字
𩦡	𩦡	𩦡	鹿	鹿

【英语一点通】

yīng yǔ yì diǎn tōng

"鹿"的英文是 deer，是鹿的总称。在英文中，"公鹿"是 buck，"母鹿"是 doe，"幼鹿"则是 fawn。另外，deer 和 dear 同音，而 dear 的意思是"亲爱的"，dear 又和表示"眼泪"的 tear 相近，小朋友可以用句子"亲爱的鹿流泪了"来联想记忆 dear、deer 和 tear。

【词语聚宝盆】

cí yǔ jù bǎo pén

"鹿死谁手"这一成语原来比喻不知政权会落在谁的手里，现在也泛指在竞赛中不知谁会取得最后的胜利。例如：比赛双方旗鼓相当，究竟鹿死谁手，谁会最终胜出，现在还难以预料。与"鹿死谁手"近义的词有"龙争虎斗、明争暗斗"，反义的词有"和衷共济、和平共处"等。

马

在过去，马作为一种重要的交通工具，和人们的生活有着非常密切的关系，所以人们对马的观察也特别仔细。小朋友，你看看甲骨文中的"马"字，古人对马的眼睛、鬃毛和尾巴等是不是刻画得非常准确呢？在金文中，"马"字基本还保留着对马的形体描画的象形特点。但到小篆，为了便于书写，"马"字的线条变得简洁、流畅，不过仍可隐约辨别出马的头部、鬃毛和尾巴。后来，隶书对"马"字进行了简化，但还是比较烦琐。到简体字时，"马"字就进一步演化成了现在这个样子。另外，"马"字还可以用作汉字的部首，比如"驯、驮、驶、闯"等，它们一般都与马的形态、功能或者属性等有关。

mǎ zì de yǎn biàn
【"马"字的演变】

甲骨文	金文	小篆	隶书	简体字
			馬	马

yīng yǔ yì diǎn tōng
【英语一点通】

"马"的英文是 horse，例如，a dark horse 即指"黑马"。小朋友，如果两个 horse 连用，就是 horse and horse，你知道这个短语代表什么吗？它的意思是"并驾齐驱、旗鼓相当"，你可要记住哟！另外，horse 和 house 的音、形很接近，house 的意思是"房子、住宅"等，你也要注意区分哟！

cí yǔ jù bǎo pén
【词语聚宝盆】

mǎ dào chéng gōng de yì si shì zhēng zhàn shí zhàn mǎ yí
"马到成功"的意思是征战时战马一
dào zhèn qián jiù qǔ dé shèng lì xíng róng shì qíng shùn lì gāng
到阵前就取得胜利，形容事情顺利，刚
kāi shǐ jiù qǔ dé chéng gōng lì rú nǐ men de zhǔn bèi gōng zuò
开始就取得成功。例如：你们的准备工作
zuò de fēi cháng chōng fèn wǒ xiāng xìn nǐ men yí dìng néng mǎ dào
做得非常充分，我相信你们一定能马到
chéng gōng shùn lì wán chéng zhè xiàng rèn wu yǔ mǎ dào chéng
成功，顺利完成这项任务。与"马到成
gōng jìn yì de cí yǒu qí kāi dé shèng fǎn yì de cí yǒu
功"近义的词有"旗开得胜"，反义的词有
lǚ zhàn lǚ bài děng
"屡战屡败"等。

154

牛

"牛"是古人依据牛头创造出来的象形字。在甲骨文中，"牛"字突出了牛角向上竖起的特征，和"羊"字有明显区别。金文、小篆中的字形承袭甲骨文，还具有象形的特点，但隶书起，"牛"字走向符号化，失去象形的意味。在我国的农耕文化中，牛占据着重要地位：它不仅能用于耕作或负重，也能供人们食用，它还是古人在祭祀时使用的重要供品。古人在举行祭神、祭祖等仪式时，如果以牛、羊、猪为祭品，称为太牢；祭品只有羊和猪，则为少牢。古人因为生产、生活离不开牛，对牛非常珍视，所以只有在最隆重的祭祀中才会用牛来做祭品。

【"牛"字的演变】
niú zì de yǎn biàn

甲骨文	金文	小篆	隶书	简体字
ψ	ψ	ψ	牛	牛

【英语一点通】
yīng yǔ yì diǎn tōng

"牛"的英文有 cattle、cow 及 ox 等。其中：cattle 是"牛"的总称，也指"牲畜"；cow 是"母牛"的意思；而 ox 则指"公牛"。例如，dairy cattle 指"奶牛"，其中 dairy 指"牛奶场"。另外，小朋友还要记住：cattle 没有复数形式，ox 的复数形式是 oxen。

【寄语小读者】
jì yǔ xiǎo dú zhě

"初生牛犊不怕虎"是说刚生下来的小牛不怕老虎。人们常用这句俗语来比喻青年人思想上很少有顾虑，敢作敢为。小朋友在学习中就应该具有这种"初生牛犊不怕虎"的魄力和勇气，敢于面对困难、提出问题、解决难题，这样才能学好本领、掌握知识。

角

"角"是牛、羊、鹿等哺乳动物头上长出来的坚硬的东西，鹿角、犀牛角等割掉后能再生出来。我们的祖先观察到这一现象，于是割下一些动物的角，做成各种器物，如乐器、装饰品等。甲骨文、金文中的"角"，就是一只割下来做成了号角之类物品的牛角的图形。小篆沿袭金文的字形，尚能看到动物角上鳞状真皮的形状。到隶书，"角"字完全符号化，已经看不出其最初象形的特点。现代汉语中，"角"的字义得到扩展：形状像角的东西或者物体边沿相接的地方都可以称为"角"，如"菱角、皂角"或"桌子角儿、墙角儿"等；也可以指称戏剧或电影里演员所扮演的剧中人物，如"旦角、角色"等。

甲骨文	金文	小篆	隶书	简体字
		角	角	角

【英语一点通】
yīng yǔ yì diǎn tōng

"角"指"号角"时,英文是 horn,如"吹号角"即 wind the horn,其中 wind 指"吹"。但是,当"角"表示"角落"时,英文为 corner;当"角"表示"数学上的'角度'"时,英文则是 angle。表示"角度"的 angle 和表示"天使"的 angel 极易混淆,小朋友要注意哟!

【小朋友背诗词】
xiǎo péng you bèi shī cí

qiū bō mèi · qī yuè shí liù rì wǎn
秋波媚·七月十六日晚

dēng gāo xìng tíng wàng cháng ān nán shān
登高兴亭望长安南山

sòng lù yóu
〔宋〕陆游

qiū dào biān chéng jiǎo shēng āi　fēng huǒ zhào gāo tái
秋 到 边 城 角 声 哀,烽 火 照 高 台。

bēi gē jī zhù　píng gāo lèi jiǔ　cǐ xìng yōu zāi
悲 歌 击 筑,凭 高 酹 酒,此 兴 悠 哉。

duō qíng shuí sì nán shān yuè　tè dì mù yún kāi
多 情 谁 似 南 山 月,特 地 暮 云 开。

bà qiáo yān liǔ　qū jiāng chí guǎn　yīng dài rén lái
灞 桥 烟 柳,曲 江 池 馆,应 待 人 来。

(**注释** 高兴亭:亭名,在南郑〔今属陕西〕内城西北,正对当时在金占领区的长安南山。南山:即秦岭支脉终南山。筑:弦乐器,形似筝,有十三弦。酹酒:把酒洒在地上的祭祀仪式。人:指进军关中的宋军。)

羊

小朋友喜欢看动画片《喜羊羊与灰太狼》吧？你觉得喜羊羊一家是不是很热闹也很可爱？我们的祖先早在母系氏族公社时期就开始养生性温顺的羊了。根据羊的特点，古人创造出了"羊"的象形字。在甲骨文、金文中，"羊"字是一个羊头的简笔画，向下弯曲的羊角突出了羊不同于其他动物的特征。从小篆一直到今天的简体字，"羊"的字形没有太大的演变，尤其是上面的两点，仍然保留着一些羊角的象形特点。古人对羊非常喜爱，并把它看作是吉祥、美好的象征。因此，许多表示吉祥、美好的汉字都以"羊"字做偏旁，如"美、善、鲜、祥"等。

yáng zì de yǎn biàn
【"羊"字的演变】

甲骨文	金文	小篆	隶书	简体字
¥	羊	羊	羊	羊

yīng yǔ yì diǎn tōng
【英语一点通】

　　"羊"的英文有 sheep、goat 等,其中 sheep 指"绵羊",而 goat 指"山羊"。小朋友要记住,sheep 的复数形式是它的原形,如"三只羊"即 three sheep。另外,goat 有"替罪羊"的意思。不过,"替罪羊"在英文中也常用另外一个词 scapegoat 来表示,指"代人受过的人"。

cí yǔ jù bǎo pén
【词语聚宝盆】

　　qí lù wáng yáng yǔ chū liè zǐ shuō fú qí zhōng
　　"歧路亡羊"语出《列子·说符》。其中,
qí lù zhǐ chà lù wáng zhǐ diū shī zhè ge chéng yǔ de
"歧路"指岔路,"亡"指丢失。这个成语的
yì si shì yīn chà lù tài duō wú fǎ zhuī xún ér diū shī le yáng xiàn
意思是因岔路太多无法追寻而丢失了羊,现
bǐ yù shì wù fù zá duō biàn méi yǒu zhèng què de fāng xiàng jiù huì
比喻事物复杂多变,没有正确的方向就会
wù rù qí tú lì rú zài xué xí zhōng rú guǒ wǒ men jīng
误入歧途。例如:在学习中,如果我们经
cháng gǎi biàn xué xí nèi róng xué xí fāng fǎ jiù huì dǎo zhì mí
常改变学习内容、学习方法,就会导致迷
shī fāng xiàng qí lù wáng yáng dào tóu lái zhǐ huì yì wú suǒ huò
失方向、歧路亡羊,到头来只会一无所获。
yǔ qí lù wáng yáng jìn yì de cí yǒu wù rù qí tú fǎn yì
与"歧路亡羊"近义的词有"误入歧途",反义
de cí yǒu gǎi xié guī zhèng
的词有"改邪归正"。

羔

远古时代，我们的祖先在发现火后，不仅将火用于生产，还将火用于自己的生活。"羔"字的出现就是古人用火来烧烤食物的情景再现。甲骨文中的"羔"字是上下结构：上面的字形是"羊"的象形，下面的"山"字形代表的是火，两形会意，表示的就是用火烤羊。金文时，由于文字是经浇铸而成的，所以火的字形变为实心。到小篆，"火"的字形开始符号化。隶书起，"火"又演变成"灬"，于是，"羔"的字形最终确定。随着不断的生活实践，人们发现小羊易于烧烤、味道鲜美，于是将小羊拿来烧烤，受此影响，"羔"字在发展过程中也逐渐变为"小羊"的专称。

甲骨文	金文	小篆	隶书	简体字
羔	羊	羔	羔	羔

yīng yǔ yì diǎn tōng
【英语一点通】

"羔"的英文有 lamb 和 kid，其中 lamb 的意思是"羔羊、小羊"，kid 指"小山羊"。另外，kid 还有"小孩子"的意思。小朋友还要注意"小羊"lamb 与 lame 的区别。单词 lame 的意思是"跛的、瘸的"，比如 a lame lamb 就是指"一只瘸腿的小羊"。

xiǎo péng you tīng gù shi
【小朋友听故事】

gāo yáng guì rǔ jiǎng de shì hěn zǎo yǐ qián yì zhī mǔ yáng
"羔羊跪乳"讲的是很早以前，一只母羊
shēng le yì zhī xiǎo gāo yáng mǔ yáng duì xiǎo yáng fēi cháng téng
生了一只小羔羊。母羊对小羊非常疼
ài yí cì mǔ yáng zài gěi xiǎo yáng wèi nǎi shí yì zhī mǔ jī lái
爱。一次，母羊在给小羊喂奶时，一只母鸡来
quàn tā bú yòng zhè me xīn kǔ xué xue wǒ ràng hái zi zì jǐ
劝她："不用这么辛苦！学学我，让孩子自己
pū nào qù dàn shì mǔ yáng bìng bù dā li tā xiǎo yáng wèn mā
扑闹去！"但是母羊并不搭理她。小羊问妈
ma nín zhè yàng téng ài wǒ wǒ zěn yàng cái néng bào dá mǔ
妈："您这样疼爱我，我怎样才能报答？"母
yáng shuō shǎ hái zi nǐ yǒu zhè piàn xiào xīn jiù gòu le xiǎo
羊说："傻孩子，你有这片孝心就够了。"小
yáng tīng hòu bú jué lèi xià cóng cǐ měi cì chī nǎi xiǎo yáng dōu
羊听后，不觉泪下。从此，每次吃奶小羊都
guì zhe wèi de shì duì mā ma de bǔ yù zhī ēn biǎo shì gǎn jī
跪着，为的是对妈妈的哺育之恩表示感激。

豕

就像《西游记》中的猪八戒一样，猪给人的印象一般都是肥头大耳、好吃懒做、令人厌恶，但是在古代，猪却很受人们喜爱，有人甚至给它取了不少外号，如"印忠、汤盎、黑面郎、黑爷"等。而猪在被人们驯养之初，它的名字是"豕"。甲骨文中的"豕"就是一头猪的侧影——长嘴、肥肚、细尾，这些都是对猪的形象描绘。金文的"豕"趋向线条化，小篆承袭金文的特点，而隶书就将字形确定为"豕"。在古人看来，猪易于喂养、浑身是宝，是非常重要的家畜，也是家庭财富的重要象征，所以"豕"就成了汉字"家"的组字部件，也就是说，我们的祖先认为，屋里有了猪才叫有了"家"。

甲骨文　　金文　　小篆　　隶书　　简体字

【英语一点通】

"豕"的英文有 pig、swine 及 hog 等,它们都是"猪"的意思。其中:pig 专指"猪",为中性词;swine 多用于专业术语,如指疾病"猪流感",即为 swine flu,其中 flu 指"流感";而单词 hog 指"阉猪",具有贬义色彩,常用于指"自私或贪婪的人"。

【科普小知识】

科学家通过对猪的生活习性进行的长期观察与研究,证明猪是一种善良、温顺、聪明的动物。在很多方面,猪比狗还聪明。经过专门训练的猪,有各种各样的本领,有些比较机灵的猪还可以当"猪犬"使用,有的甚至还能用鼻子嗅出埋在土里的地雷。

犬

小朋友喜欢小狗吧？但是你知道吗？狗是在大约一万年前的新石器时期，被人类驯养而成为人类的朋友的。根据狗的体形，我们的祖先将体形大的称作"犬"，小的称为"狗"。在甲骨文中，"犬"字就是一只狗侧身的象形，和甲骨文的"豕"相比，"犬"的体形瘦小、尾巴上翘，这正是狗在体貌上不同于猪的典型特征。金文中，"犬"仍保留着狗的象形特点。但从小篆开始，"犬"字趋于符号化。到隶书，已看不出狗的影子了。汉语中，"犬"还被用作汉字的偏旁，写作"犭"，似还能看出最初的"犬"字的一些字形特点。

quǎn zì de yǎn biàn
【"犬"字的演变】

甲骨文	金文	小篆	隶书	简体字
犬	犬	犬	犬	犬

yīng yǔ yì diǎn tōng
【英语一点通】

"犬"的英文是 dog，即指"狗"。和 dog 有关的谚语有"Love me, love my dog."意为"爱我就爱我的狗"，其寓意即"爱屋及乌"。另外，和 dog 相似的词有 fog（雾）、hog（阉猪）、jog（慢跑）、log（原木）等。

cí yǔ jù bǎo pén
【词语聚宝盆】

zài yīng wén zhōng　shè jí gǒu shí　rén men de yòng yǔ dà dōu
在英文中，涉及狗时，人们的用语大都
bú dài biǎn yì sè cǎi　dàn shì　zài hàn yǔ zhōng　fán shì yǔ gǒu
不带贬义色彩。但是，在汉语中，凡是与狗
yǒu guān de chéng yǔ huò sú yǔ　zé jī běn dōu shì fù miàn de píng
有关的成语或俗语，则基本都是负面的评
jià　rú gǒu jí tiào qiáng　bǐ yù zǒu tóu wú lù shí bú gù hòu
价。如"狗急跳墙"比喻走投无路时不顾后
guǒ de xíng dòng　gǒu tóu jūn shī　shì duì zhuān zài bēi hòu chū móu
果地行动；"狗头军师"是对专在背后出谋
huà cè de rén de miè chèng　guà yáng tóu mài gǒu ròu　zé yòng lái
划策的人的蔑称；"挂羊头卖狗肉"则用来
bǐ yù yòng hǎo de míng yì zuò huǎng zi　shí jì shàng míng bù fù
比喻用好的名义做幌子，实际上名不副
shí huò àn zhōng zuò huài shì děng
实或暗中做坏事等。

168

兔

在甲骨文中，代表动物名称的文字一般都是象形字，"兔"字也不例外。甲骨文的"兔"字很像是一个兔子的简笔画——短尾、长腿、头部与老鼠相似，它非常形象地描画出了兔子的特点。金文中，"兔"字的象形特点没有多少改变。但到小篆，"兔"字开始符号化，慢慢脱离了兔子的形象。到隶书，该字已完全没有了兔子的影子。小朋友都知道，兔子是一种弱小的动物，几乎对其他所有动物不会构成威胁，但它自己却时常遭受攻击，所以，兔子整天都处于防御状态之中。我们的许多成语都反映了兔子的这个生存特点，比如"狡兔三窟"，就是指兔子为了自身安全而有好几个藏身之处。

甲骨文　　　金文　　　小篆　　　隶书　　　简体字

【英语一点通】

　　"兔"的英文有 rabbit 和 hare。两者区别在于 rabbit 泛指所有兔子,尤其是"家兔",而 hare 指"野兔"。和"野兔"hare 词形接近的词有 dare(敢、敢做)、mare(母马)、rare(稀少的)等。

cí yǔ jù bǎo pén
【词语聚宝盆】

　　"东兔西乌"这个成语是说月亮东升、太阳西落,比喻时光不断流逝。因为在神话传说中,月亮里有玉兔,太阳里有三足金乌,所以人们就用乌、兔来分别代表日、月。例如:时不我待、东兔西乌,我们一定要抓紧时间努力学习。

虫

虫是昆虫类的通称，它们在地球上已经有上亿年的历史。因为生活中经常见到，所以古人很早就造出了"虫"字。但是，在甲骨文和金文中，"虫"都有一个三角形的头，身体长而卷曲，形象就是一条毒蛇的样子，甲骨文的"虫"甚至画出了蛇的眼睛。小篆"虫"由三个"虫"叠加而成，表示虫的种类繁多。后来为书写方便，简化为现在的"虫"字。但是，小朋友你知道吗？古人有时也用虫来指昆虫以外的动物，比如有的地方把老虎也归为虫，称作"大虫"。另外，在汉字中，"虫"也是个部首字，表示虫类或与虫有关的字基本都有"虫"字做偏旁，如"蜂、蚁、蚕"等字。

172

【"虫"字的演变】

chóng zì de yǎn biàn
【"虫"字的演变】

甲骨文　　　金文　　　小篆　　　隶书　　　简体字

"虫"的英文有 insect、bug、worm 等。其中：bug 一般指小昆虫，尤指吸血的臭虫；worm 常指蚯蚓、蚕、毛虫等小虫；而 insect 含义最广，多指蚂蚁、黄蜂、蝉等昆虫。不过短语 a big bug 并非指"大臭虫"，而是人们对"名人、要人"的贬称。

kē pǔ xiǎo zhī shi
【科普小知识】

kūn chóng shǔ yú wú jǐ zhuī dòng wù de jié zhī dòng wù mén de
昆虫属于无脊椎动物的节肢动物门的

kūn chóng gāng shì suǒ yǒu shēng wù zhōng zhǒng lèi jí shù liàng zuì
昆虫纲，是所有生物中种类及数量最

duō de yì qún shì jiè shàng yǐ fā xiàn yǒu duō wàn zhǒng
多的一群，世界上已发现有 100 多万种。

kūn chóng zài shēng tài quān zhōng bàn yǎn zhe hěn zhòng yào de jué
昆虫在生态圈中扮演着很重要的角

sè bǐ rú chóng méi huā xū yào dé dào kūn chóng rú mì fēng hú
色，比如虫媒花需要得到昆虫，如蜜蜂、蝴

dié děng de bāng zhù cái néng chuán bō huā fěn fǒu zé jiù bù néng
蝶等的帮助，才能传播花粉，否则就不能

chǎn shēng huā zhǒng méi yǒu le huā zhǒng nà jiù bù kě néng zài
产生花种，没有了花种，那就不可能再

zhǎng chū xīn de zhí zhū lái
长出新的植株来。

蛇

"它"字作为代词，在现在一般用于指称人以外的事物。但是，小朋友们可能想不到，"它"是"蛇"的古体字，在上古时期，"它"的意思就是蛇。你看看甲骨文中的"它"字，完全就是一条有着巨大的三角形脑袋的毒蛇。在金文中，"它"字更是突出了毒蛇的三角形的头。到小篆，"它"字更趋线条化。后来，随着文字的演变，"它"字被专门用作代词，指称人以外的事物；又为了区分该字中蛇的含义，后人就在"它"字的旁边增加了一个表意的偏旁"虫"，也就成了"蛇"字。于是，这个新创造的"蛇"字就用来表示蛇的概念，被一直沿用至今。

【"蛇"字的演变】

甲骨文	金文	小篆	隶书	简体字

蛇　蛇

yīng yǔ yì diǎn tōng

【英语一点通】

　　"蛇"的英文是 snake。在英文中，snake 也指"阴险的人"，例如，a snake in the grass 即指"隐患、暗藏的敌人"。另外，和 snake 的音、形易混的词有 cake(蛋糕)、lake(湖)、make(制作)、wake(唤醒)等。小朋友可用"在湖边做蛋糕时惊醒了一条蛇"来联想记忆这些单词。

xiǎo péng you tīng gù shi

【小朋友听故事】

　　jù shuō hěn jiǔ yǐ qián　tuō pí de bú shì shé ér shì rén
　　据说，很久以前，脱皮的不是蛇而是人。

dāng rén huó dào yí dìng nián líng jiù huì biàn lǎo　zhè shí tā men biàn
当人活到一定年龄就会变老，这时他们便

huì duǒ dào mén de jiǎo luò　děng qī tiān qī yè zhī hòu　rén jiù huì
会躲到门的角落。等七天七夜之后，人就会

tuō diào shēn shàng de lǎo pí　chóng xīn biàn de nián qīng　dàn shì
脱掉身上的老皮，重新变得年轻。但是

zhè yàng rén huì hěn tòng kǔ　yú shì tiān shén shuō　bú rú ràng shé
这样人会很痛苦，于是天神说："不如让蛇

tuō pí ba　ràng rén shǎo yì diǎn tòng kǔ　cóng cǐ yǐ hòu　shé
脱皮吧，让人少一点痛苦。"从此以后，蛇

jiù kāi shǐ měi yì nián dōu tuō pí le
就开始每一年都脱皮了。

鼠

动画片《猫和老鼠》中，小老鼠杰瑞是一只聪明可爱的老鼠。但是，在我们的生活中，老鼠却很令人讨厌：它们传播疾病、经常咬烂衣物、偷吃东西。古人很了解老鼠的习性，在造"鼠"字时突出了它偷吃的特点：甲骨文中，"鼠"字是一只老鼠的侧面形象，它头上的小点就是偷吃东西后留下的碎屑；金文、小篆中，"鼠"字更夸大了老鼠张嘴龇牙的形象；隶书以至简体字都在此基础上演变而来，特别是"鼠"字的最后一笔，还是保留了几分老鼠尾巴的影子。因为人们对老鼠没有好感，所以汉语中与鼠相关的词语通常都具有贬义色彩，比如"鼠辈、鼠目寸光、抱头鼠窜"等。

【"鼠"字的演变】

shǔ zì de yǎn biàn

甲骨文　　　金文　　　小篆　　　隶书　　　简体字

178

"鼠"的英文有 mouse 和 rat。mouse 指形态较小的老鼠或田鼠，rat 指个头稍大的老鼠或山鼠。另外，mouse 还可表示"安静、害羞、胆小的人"或"鼠标"，而 rat 则有"内奸、告密者"等含义。小朋友还要记住：mouse 的复数形式是 mice，而 look like a drowned rat 则指"像落汤鸡一样"。

cí yǔ jù bǎo pén
【词语聚宝盆】

　　lǎo shǔ guò jiē　rén rén hǎn dǎ　yòng lái bǐ yù hài rén de
　　"老鼠过街，人人喊打"用来比喻害人的
dōng xi　dà jiā yí zhì tòng hèn　　lì rú　rén men duì fàn zuì fèn
东西，大家一致痛恨。例如：人们对犯罪分
zǐ shēn wù tòng jué　jiù xiàng　lǎo shǔ guò jiē　rén rén hǎn dǎ
子深恶痛绝，就像"老鼠过街，人人喊打"。
hé　lǎo shǔ guò jiē　rén rén hǎn dǎ　jìn yì de cí yǒu　bào tóu shǔ
和"老鼠过街，人人喊打"近义的词有"抱头鼠
cuàn　luò huāng ér táo　táo zhī yāo yāo　děng　fǎn yì de cí yǒu
窜、落荒而逃、逃之夭夭"等，反义的词有
míng mù zhāng dǎn　děng
"明目张胆"等。

龟

xiǎo péng you dōu tīng guo　guī tù sài pǎo　de gù shi　xiǎo wū
小朋友都听过"龟兔赛跑"的故事，小乌

guī néng yíng le xiǎo tù zi jiù shì yīn wèi tā bù jiāo ào　néng jiān
龟能赢了小兔子就是因为它不骄傲、能坚

chí　dàn shì nǐ zhī dào ma　wū guī hái shi yì zhǒng shòu mìng hěn
持。但是你知道吗？乌龟还是一种寿命很

cháng　dài biǎo jí xiáng de dòng wù　gǔ rén rèn wéi tā yǒu líng qì
长、代表吉祥的动物。古人认为它有灵气，

zài wǒ guó de yīn shāng shí dài hái yòng guī ké lái zhān bǔ　guī
在我国的殷商时代还用龟壳来占卜。"龟"

zì xiàn zài de yì si hé gǔ dài yí yàng　dōu shì zhǐ wū guī　nǐ
字现在的意思和古代一样，都是指乌龟。你

zǐ xì kàn kan　jiǎ gǔ wén hé jīn wén zhōng de　guī　zì shì bú shì
仔细看看，甲骨文和金文中的"龟"字是不是

tè bié xiàng yì zhī pā zhe de wū guī　xiǎo zhuàn zhōng de　guī
特别像一只趴着的乌龟？小篆中的"龟"

zì cóng jiǎ gǔ wén yǎn biàn ér lái　huà de shì wū guī de cè miàn tú
字从甲骨文演变而来，画的是乌龟的侧面图

xíng　lì shū zhōng　zì xíng yǐ wán quán fú hào huà　bú zài jù yǒu
形。隶书中，字形已完全符号化，不再具有

xiàng xíng de yì wèi　hàn zì jiǎn huà hòu　zì xíng gù dìng wéi
象形的意味。汉字简化后，字形固定为

guī　gèng shì yǔ jiǎ gǔ wén zhōng guī de xíng xiàng xiāng qù shèn
"龟"，更是与甲骨文中龟的形象相去甚

yuǎn le
远了。

【"龟"字的演变】

甲骨文	金文	小篆	隶书	简体字

【英语一点通】
yīng yǔ yì diǎn tōng

　　"龟"的英文是 tortoise，指的是陆地上的乌龟，而"海龟"则由另外一个单词 turtle 来表示。例如，"龟兔赛跑"中的"乌龟"一词即为 tortoise。另外，如果给 turtle 加上一个表示"脖子"的词 neck，即 turtleneck，它可不是指"海龟的脖子"，而是指"高领绒衣"。

【科普小知识】
kē pǔ xiǎo zhī shi

　　世界上数量最多的龟是红耳龟，数量最少的龟是云南闭壳龟；体形最大的龟是太平洋棱皮龟，体形最小的龟是迷你麝香龟；最耐旱的龟是埃及陆龟；最离不开水的淡水龟是猪鼻龟和中美洲河龟，它们离开水几小时便有生命危险。

鱼

　　xiǎo péng you xǐ huan chī yú ma　　yú ròu yíng yǎng fēng fù　　wèi
小 朋 友 喜 欢 吃 鱼 吗？鱼 肉 营 养 丰 富、味
dào xiān měi　　shì rén lèi zhòng yào de shí wù　　yuǎn gǔ shí hou rén
道 鲜 美，是 人 类 重 要 的 食 物。远 古 时 候，人
men jiù céng kào bǔ yú　　shòu liè wéi shēng　　zài jiǎ gǔ wén zhōng
们 就 曾 靠 捕 鱼、狩 猎 为 生。在 甲 骨 文 中，
　　yú zì jiù shì yì tiáo dà yú de tú àn　　yǒu yú qí　　yú wěi
"鱼"字 就 是 一 条 大 鱼 的 图 案，有 鱼 鳍、鱼 尾；
jīn wén zhōng de　　yú　　duō le liǎng diǎn　　biǎo shì shuǐ dī　　xiǎo zhuàn
金 文 中 的"鱼"多 了 两 点，表 示 水 滴；小 篆
zài cǐ jī chǔ shàng jìn xíng jiǎn huà　　dàn yú de xíng xiàng méi yǒu hěn
在 此 基 础 上 进 行 简 化，但 鱼 的 形 象 没 有 很
dà biàn huà　　lì shū zhōng　　yuán lái biǎo shì yú wěi hé shuǐ dī de bù
大 变 化；隶 书 中，原 来 表 示 鱼 尾 和 水 滴 的 部
fen biàn wéi sì diǎn　　dào le jiǎn huà zì　　zhè sì diǎn yòu yǐ yì héng
分 变 为 四 点；到 了 简 化 字，这 四 点 又 以 一 横
dài tì　　zhěng gè zì yě jiù yǎn biàn wéi　　yú　　zài hàn zì zhōng
代 替，整 个 字 也 就 演 变 为"鱼"。在 汉 字 中，
　　yú　　hái shi yí gè bù shǒu zì　　biǎo shì yú de zhǒng lèi huò yǔ
"鱼"还 是 一 个 部 首 字，表 示 鱼 的 种 类 或 与
yú xiāng guān de zì jī běn dōu yǒu　　yú　　zì zuò piān páng　　bǐ rú
鱼 相 关 的 字 基 本 都 有"鱼"字 做 偏 旁，比 如
jīng　　shā　　lián　　nián　　bào　　děng zì
"鲸、鲨、鲢、鲇、鲍"等 字。

【"鱼"字的演变】

yú zì de yǎn biàn

甲骨文	金文	小篆	隶书	简体字

184

【英语一点通】

"鱼"的英文是 fish。与 fish 相关的谚语有"Never offer to teach fish to swim."，直译为"不要提出去教鱼游泳"，其寓意为"不要班门弄斧"，其中 never 指"从不"，offer 指"主动提出"，swim 指"游泳"。另外，和 fish 易混的词有 dish（盘子）、wish（希望）等。

【科普小知识】

鲸鱼是鱼吗？小朋友或许以为它们属鱼类，事实上它们是一种生活在海洋中的哺乳动物。鲸鱼头部大，眼睛小，没有外耳壳；鼻孔有一个或两个，长在头顶。鲸鱼的颈部不明显，前肢呈鳍状，后肢则完全退化。鲸鱼具有和陆上哺乳动物相同的生理特征：一是用肺呼吸，在水面吸气后即潜入水中，可以潜泳 10 到 45 分钟；二是胎生，母鲸通常每胎产一崽，以乳汁哺育幼鲸。

185